Doerte Bischoff, Miriam N. Reinhard, Claudia Röser, Sebastian Schirrmeister (Hrsg.)

# Exil Lektüren

## Studien zu Literatur und Theorie

Doerte Bischoff, Miriam N. Reinhard,
Claudia Röser, Sebastian Schirrmeister (Hrsg.)

# Exil Lektüren

## Studien zu Literatur und Theorie

Beiträge zum Studientag *Exil und Literatur*
der Walter A. Berendsohn Forschungsstelle
für deutsche Exilliteratur am 6. Juli 2012

Neofelis Verlag

**Bibliografische Information der Deutschen Nationalbibliothek**
Die Deutsche Nationalbibliothek verzeichnet diese Publikation in der Deutschen Nationalbibliografie; detaillierte bibliografische Daten sind im Internet über http://dnb.d-nb.de abrufbar.


www.neofelis-verlag.de


Umschlaggestaltung: Marija Skara
Druck: PRESSEL Digitaler Produktionsdruck, Remshalden
Gedruckt auf FSC-zertifiziertem Papier.
ISBN: 978-3-943414-54-7

# Inhalt

# Exil und Literatur

## Vorwort

Dass das historische Exil von 1933 bis 1945 einen zentralen Platz im kulturellen Gedächtnis beanspruchen sollte, ist seit den späten 1960er Jahren ein zentrales Anliegen der sich damals formierenden Exilforschung, die von Anfang an einen starken Akzent auf literarische Reflexionen des Exils setzte. Am Beginn des 21. Jahrhunderts, an dem es kaum noch Zeitzeugen des Nationalsozialismus und des durch ihn erzwungenen Exils gibt, stellt sich die Frage nach den Foren und Formen eines solchen Erinnerns mit neuer Dringlichkeit. Sollen die in Archiven gesammelten historischen Dokumente und Zeugnisse zum Sprechen gebracht werden, müssen sie immer auch mit aktuellen Debatten und Kontexten vermittelt werden. Um Texten der ‚klassischen' Exilliteratur einen Platz in den Lebens- und Lesewelten einer jüngeren Generation zu geben, muss es einer zeitgemäßen Exilforschung darum gehen, diese zu erkunden und einzubeziehen.
Tatsächlich haben sich die Bedingungen der Rezeption von Exil und Exilliteratur seit den Anfängen der (germanistischen) Exilforschung stark verändert. Prozesse der Globalisierung und vielfältige Migrationen prägen heutige Lebenswirklichkeiten ebenso wie Tendenzen der Gegenwartsliteratur, die zunehmend auf programmatische Weise transnational, transkulturell und translingual ist. Dies verändert auch die Perspektive auf historische Texte, die kulturelle Entortungen und Grenzgänge verhandeln.
In den vergangenen Jahren haben neue kulturwissenschaftliche Methoden und Fragestellungen die im Horizont der historischen Exilepoche seit 1933 entstandenen Texte auf veränderte Weise in den Blick gerückt. Besonders theoretische Impulse des Postkolonialismus und der Inter- bzw. Transkulturellen Literaturwissenschaft, des ‚Translational Turn', aber auch der ‚Animal Studies', die Fragen nach Gruppenzugehörigkeit und Gemeinschaft, nach Territorialität, Sprachlichkeit und Übersetzung neu problematisiert haben, erweisen sich aktuell für die Untersuchung von Exiltexten als produktiv. Zugleich bilden diese Ansätze methodisch eine Brücke, den Exilbegriff weiter zu fassen und ‚klassische' Exiltexte mit Textzeugnissen anderer historischer Exile bzw. mit unterschiedlichen kulturellen Exilnarrativen (z. B. in jüdischer Tradition) zusammenzudenken und

nicht zuletzt Korrespondenzen und intertextuellen Bezügen zur Gegenwartsliteratur nachzugehen.

Der vorliegende Band versammelt die Ergebnisse eines Studientags, den die Walter A. Berendsohn Forschungsstelle für deutsche Exilliteratur am 6. Juli 2012 in der Bibliothek für Exilliteratur im Carl von Ossietzky-Lesesaal der Staats- und Universitätsbibliothek Hamburg ausgerichtet hat. Im Sommersemester 2012 hatten die Mitarbeiterinnen und Mitarbeiter der Forschungsstelle insgesamt sechs Seminare und Vorlesungen zu verschiedenen Exilthemen angeboten, die auf je unterschiedliche Weise neue Akzente in der Exil(literatur)forschung reflektierten.[1] Die Studierendenkonferenz ermöglichte BA- wie MA-Studierenden aus den verschiedenen Seminaren, ihre Projekte und Arbeiten in Kurzvorträgen vorzustellen und zu diskutieren, wobei sich zahlreiche übergreifende Aspekte und Fragestellungen ergaben.

Durch die vorgeschlagenen Themen wurde eine systematische Aufteilung der Vorträge in drei Sektionen nahegelegt: Diese widmen sich I. Konstruktionen von Heimat und Heimatentzug in Exiltexten, II. der Frage, wie sich gerade in Texten jüdischer Exilautoren (seit Heinrich Heine) Reflexionen historisch-biografischer Exilerfahrung mit Figuren und Narrativen des Exils in jüdischer Tradition verschränken. III. wurden Problematisierungen nationalstaatlicher Gemeinschaftsentwürfe und Mensch-Tier-Konstellationen in Exiltexten untersucht; außerdem wurde der Frage nachgegangen, inwiefern die Übersetzungstheorie von Walter Benjamin, die hierarchisierenden Konzepten einer Ursprungs- oder Muttersprache mit Skepsis begegnet, in besonderer Weise für die Arbeit mit Exilliteratur fruchtbar gemacht werden kann.

Wenngleich die Auswahl der behandelten literarischen Texte (von Lion Feuchtwanger, Nelly Sachs, Oskar Maria Graf, Hilde Domin, Mascha Kaléko, Jenny Aloni) einen deutlichen Schwerpunkt auf Autorinnen und Autoren erkennen lässt, die als Zeitzeugen des Exils 1933–45 gelten können, so weist doch der Befund, dass viele dieser Texte erst deutlich nach 1945 entstanden sind, darauf hin, dass hier weniger die Frage nach einer möglichst authentischen Abbildung

1 Für einen detaillierteren Überblick über die angebotenen Veranstaltungen vgl. http://www1.slm.uni-hamburg.de/de/forschen/arbstzentren/exilforschung/01_forschungsstelle/08_lehre.html.

und unmittelbaren Reflexion von Exilerlebnissen als vielmehr deren Literarisierung im Horizont diverser (inter-)textueller Bezüge und Aspekte des Nach-Lebens und Erinnerns des Exils im Vordergrund stehen. Eine deutliche Ausweitung der Perspektive traditioneller Exilforschung ist in den Beiträgen zu erkennen, die Heinrich Heines Dichtung ausdrücklich als Exilliteratur behandeln. Darüber hinaus werden diverse Bezüge zu theoretischen Texten, wie sie sich in den Beiträgen über die Figur des Flüchtlings bei Hannah Arendt und Giorgio Agamben sowie über Benjamins Begriff der Übersetzung bereits in den Titeln artikulieren, vielfältig aufgeworfen und diskutiert.
Die Beiträge greifen zentrale Aspekte der gegenwärtigen Forschungsdiskussion auf und machen sich deren Fragestellungen zu eigen. Zugleich entwickeln die Aufsätze eigene Perspektiven, die z. T. in Abschlussarbeiten weiter ausgeführt wurden. So dokumentiert der vorliegende Band mit dem Studientag nicht nur das Bemühen der im Kontext der Berendsohn-Forschungsstelle Lehrenden, Exilthemen auf ansprechende Weise zum Thema universitärer Lehre zu machen, sondern vor allem das Engagement und die Bereitschaft der Studierenden, diese Impulse aufzugreifen und auf vielfältige und originelle Weise weiterzudenken.
Wir freuen uns deshalb, dass wir die überarbeiteten Beiträge nun in Aufsatzform veröffentlichen können. Wir danken den Autorinnen und allen, die an der Organisation des Studientages und der Erstellung dieses Bandes mitgewirkt haben.

Hamburg, September 2013
Doerte Bischoff, Miriam N. Reinhard, Claudia Röser
und Sebastian Schirrmeister

# I.
# Heimat und Exil

# Exil und Ironie

## Poetologische Verhandlungen von Heimatkonzepten in ausgewählten Gedichten Heinrich Heines

Katharina Hänßler

„Von Ironie bei Heine sprechen" hieße „vor jedem literarisch beschlagenen Publikum Eulen nach Athen tragen"[1], bemerkte einst der Heine-Forscher Wolfgang Preisendanz. Bei Dirk von Petersdorff ist sogar die Rede davon, dass „die Ironie [...] jene Größe [sei], die Heines Werk Einheit gibt"[2]. Mit Sicherheit ist die Ironie grundlegend für die so charakteristische Sprechweise Heines, die es möglich macht, die Gesamtheit der von ihm verfassten Texte als ein Werk zu fassen, so sehr dieses auch in verschiedene Textsorten auseinanderfallen mag. Die ironische Sprechweise ist jedoch insbesondere in denjenigen Texten Heines, die im Exil entstanden, mehr als ein bloßes Stilmittel, kein rhetorisches Charakteristikum um seiner selbst willen. Denn die ironische Sprechweise, so lautet die These, die im Folgenden diskutiert werden soll, ist in besonderem Maß dazu geeignet, die innere Widersprüchlichkeit der Exilperspektive literarisch zu verhandeln.
Unterziehen wir, um uns diesem Zusammenhang zu nähern, zunächst die widersprüchlichen Phänomene der Exilerfahrung einer genaueren Betrachtung. Sie alle beziehen sich auf den Begriff der *Heimat*: Als Ursprung aber auch als Bleibe, sowohl topographisch als eben auch kulturell verstanden ist sie der vertraute Nahort, das Eigene. Ohne die Heimat lässt sich das Exil nicht denken, schließlich definiert es sich durch die Verbannung des Subjekts aus ihr in die Fremde, die Distanz zu ihr aus der Fremde heraus. So ergibt sich die Exilperspektive als der paradoxe Blick auf das Eigene von außen. Lässt sich dieser Blick rein topographisch noch einfach konzeptualisieren, wird es deutlich schwieriger, dies auf die kulturelle Dimension von Heimat bezogen zu denken. Durch die Sozialisation in einer Umgebung prägt die Heimat das Subjekt, wird ihm durch diese Ein-Prägung selbst zu

1 Wolfgang Preisendanz: Ironie bei Heine. In: Albert Schäfer (Hrsg.): *Ironie und Dichtung*. München: C.H. Beck 1970, S. 85–112, hier S. 86.

2 Dirk von Petersdorff: Grenzen des Wissens, gemischte Gefühle. Heinrich Heines Ironie. In: *Heine-Jahrbuch* 45 (2006), S. 1–19, hier S. 16.

eigen: Das Subjekt ist Teil der Heimat und diese wird dadurch selbst ein Teil von ihm. Das Exil als Zustand der – von Eigenheiten oder Zuständen der Heimat selbst bedingten – Trennung von der Heimat spannt, oder auch: *bricht* dieses Verhältnis. Der Widerspruch ergibt sich dabei daraus, dass die Heimat in der Exilperspektive Eigenes und Anderes zugleich ist: Anderes im Blick nach außen, Eigenes im Blick nach innen. Vor dem Gang ins Exil war Heimat sowohl Teil des Subjekts als auch der Standpunkt, von dem aus es die Welt erfasste. Als Ausgangspunkt der Erkenntnis versperrte sie sich dem Erkanntwerden selbst. Im Exil erscheint sie nun in einem inneren, höchst paradoxen Spannungsverhältnis zugleich als äußeres Objekt. Erst dieser Bruch lässt eine Betrachtung zu, die dem Subjekt nun auch explizit verdeutlicht, welche Eigenschaften der Heimat diese zu seinem Eigenen machen. Das Eigene, so könnte man sagen, kann nur retrospektiv erkannt werden: dann, wenn es bereits zum Anderen geworden ist. Hinweise auf dieses Paradoxon finden sich auch in den Texten Heinrich Heines. So liest man in der *Vorrede zu Salon I*: „Es ist eine eigene Sache mit dem Patriotismus, mit der wirklichen Vaterlandsliebe. Man kann sein Vaterland lieben, und achtzig Jahre dabey alt werden, und es nie gewußt haben; aber man muss dann auch zu Hause geblieben seyn"; und weiter: „So beginnt die deutsche Vaterlandsliebe erst an der deutschen Grenze, vornehmlich aber beim Anblick deutschen Unglücks in der Fremde."[3] In den *Englischen Fragmenten* heißt es: „Kaum verlor ich den Anblick der deutschen Küste, so erwachte in mir eine kuriose Nachliebe für jene teutonischen Schlafmützen- und Perückenwälder, die ich eben noch mit Unmuth verlassen, und als ich das Vaterland aus den Augen verloren hatte, fand ich es im Herzen wieder."[4]

Das Subjekt flieht ins Exil – und aus dem Riss, der sich zur alten Heimat auftut, sprießt ein zuvor ungekannter und zwischen Innen und Außen nur schwer zu verortender, reflektierter Patriotismus, der

3 Heinrich Heine: Vorrede. Zu „Salon" I. 17.10.1833. In: Ders.: *Historisch-kritische Gesamtausgabe der Werke*, hrsg. v. Manfred Windfuhr. Bd. 5: Almansor. William Ratcliff. Der Rabbi von Bacherach. Aus den Memoiren des Herren von Schnabelewopski. Florentinische Nächte. Hamburg: Hoffmann und Campe 1994, S. 369–377, hier S. 373. Die ‚Düsseldorfer Heine-Ausgabe' wird im Folgenden mit DHA abgekürzt zitiert.

4 Heinrich Heine: Englische Fragmente. In: *DHA*, Bd. 7.1: Reisebilder III/IV. Hamburg: Hoffmann und Campe 1986, S. 207–296, hier S. 212.

dem blinden Patriotismus der Daheimgebliebenen entgegensteht. Die Exilerfahrung ist nur in Abhängigkeit von einem Heimatbegriff denkbar, stellt diesen jedoch im gleichen Zuge grundlegend in Frage. Als Konsequenz davon werden dem Exilanten auch auf dem Heimatbegriff basierende Konzepte wie Vaterlandsliebe, Patriotismus und Nationalheldentum fragwürdig. Der Blick von außen bringt sie in ein Spannungsverhältnis, in welchem er ihre Konstruiertheit aufzeigt, ohne jedoch die Begriffe dabei aufzuheben. Immerzu stellt in diesem Sinne die Heine'sche Exillyrik das Konzept von Heimat und verwandten Begriffen in Frage. Dieser Zweifelhaftigkeit der verwendeten Begriffe entspringt die ironische Sprechweise. Die Exilperspektive ist uneigentlich, da sie das Eigene erst als bereits zum Anderen Gewordenes, die Heimat erst in ihrer Verfremdung erkennt. Analog dazu wird auch die Ironie als Form der uneigentlichen Rede verstanden, die das Gegenteil des Gesagten im Gesagten selbst enthält. Die Ironie als dialektische Sprechweise scheint somit geradezu prädestiniert zur literarischen Verarbeitung der Exilerfahrung, welcher die sie bedingenden Grundkategorien fragwürdig geworden sind. Zu den literarischen Möglichkeiten, welche die ironische Sprechweise eröffnet, schreibt Rolf Schnell mit Blick auf Heine: „Ironie ist eine Negationsfigur. Ihr Reiz macht ihre Unbestimmtheit und Unbestimmbarkeit aus. Ihr negatorischer Charakter eröffnet Spielräume, deren sie als poetische Figur bedarf."[5] In diesen Spielräumen können die inneren und dabei doch im höchsten Maße realen Widersprüche des Exils und mit ihm verbundener Begriffe bewegt und verhandelt werden. Ursula Lehmann beschreibt in ihrer Betrachtung der Heine'schen Ironie die literarische Ironie an sich wie folgt:

> Die Definition für die literarische Ironie wird relativ eindeutig verwandt: eine Redeweise, die bestimmt ist durch eine Differenz zwischen Aussage und Meinung, wobei das besondere Interesse der Frage gilt, inwieweit diese voneinander abweichen und ob dezidierte Rückschlüsse von der Aussageform auf den Aussageinhalt zulässig sind.[6]

Die Analyse zweier Exilgedichte aus der Feder Heinrich Heines soll im Folgenden aufzeigen, wie und mit welcher Funktion eine

5 Ralf Schnell: Heinrich Heine und Bertolt Brecht. Das Exil als poetische Lebensform. In: *Heine-Jahrbuch* 41 (2002), S. 83–105, hier S. 99.

6 Ursula Lehmann: *Popularisierung und Ironie im Werk Heinrich Heines. Die Bedeutung der textimmanenten Kontrastierung für den Rezeptionsprozeß.* Frankfurt am Main: Peter Lang 1976, S. 91.

ironische Behandlung der Exilthematik literarisch realisiert werden kann. Die hierfür ausgewählten Gedichte, *Jetzt wohin?* und *Anno 1839*, exemplifizieren auf jeweils ganz unterschiedliche Weise eine ironische Verarbeitung der Exilerfahrung. Während *Jetzt wohin?* angesichts der Vertreibung aus der ursprünglichen Heimat nach Möglichkeiten fragt, diese durch eine neue Wahlheimat zu ersetzen, werden in *Anno 1839* die ambivalenten Gefühle des lyrischen Ich bezüglich seiner verlassenen Heimat Deutschland einerseits und der Exilstätte Frankreich andererseits ironisch kontrastiert. Gemeinsam ist den Gedichten, dass sie gegen Ende eine Wendung ins Romantische nehmen. Die Interpretation der Schlussstrophen wird daher jeweils zunächst ausgespart, in einer vergleichenden Betrachtung sollen sie an späterer Stelle Aufschluss über das Verhältnis von Heine'scher und romantischer Ironie geben. Diese Bezugnahme scheint vor dem Hintergrund, dass sich bei Heine trotz aller Distanz eine „Affinität zur romantischen Geisteshaltung doch nicht […] verhehlen"[7] lässt und sein Werk auch als „Bindeglied zwischen Romantik […] und dem […] Prozeß der Herausbildung der Moderne"[8] gesehen wird, unausweichlich.

Die zweite Hälfte des 1851 veröffentlichten *Romanzero* enthält das Gedicht *Jetzt wohin?*.[9] Die titelgebende Frage ist es, auf die das aus Deutschland exilierte lyrische Ich eine Antwort sucht. Gleich in der ersten Strophe werden die inneren Widersprüche in Bezug auf die alte Heimat dargelegt.

> Jetzt wohin? Der dumme Fuß
> Will mich gern nach Deutschland tragen;
> Doch es schüttelt klug das Haupt
> Mein Verstand und scheint zu sagen:
> […]

Der „dumme Fuß" möchte sofort nach Deutschland zurückkehren, wird vom aus dem „Haupt" sprechenden Verstand aber eines Besseren belehrt. Der im Singular genannte „Fuß" und das „Haupt" als anatomisch weitestmöglich entgegengesetzte Körperteile spiegeln in

7 Klaus Bonn: Heines Begegnungen. Zur Romantischen Schule. In: Endre Kiss / Tamás Lichtmann (Hrsg.): *Heine (1797–1856)*. Debrecen: Kossuth Egyetemi Kiadó 2002, S. 93–104, hier S. 96.

8 Magdolna Orosz: Heine und die deutsche Romantik. In: Kiss / Lichtmann (Hrsg.): *Heine (1797–1856)*, S. 105–122, hier S. 120–121.

9 Heinrich Heine: Jetzt wohin? In: *DHA*, Bd. 3.1: Romanzero. Gedichte 1853 und 1854. Lyrischer Nachlass. Hamburg: Hoffmann und Campe 1992, S. 101–102.

ihrer Funktion als personifizierte Metonymien den Konflikt innerhalb der Seele: unreflektierter, sensualistischer Trieb auf der einen, kalte Vernunft auf der anderen Seite. Gleich Teufelchen und Engelchen streiten sie um den Einfluss auf die zu fällende Entscheidung des lyrischen Ich. An dieses wendet sich in der zweiten Strophe mit Du-Anrede der Verstand und legt ihm die Gründe dar, die gegen eine Rückkehr nach Deutschland sprechen:

> Zwar beendigt ist der Krieg,
> Doch die Kriegsgerichte blieben,
> Und es heißt, du habest einst
> Viel Erschießliches geschrieben.

Auch nach dem Krieg, wobei hier auf die gescheiterte Revolution von 1848 angespielt wird, muss das lyrische Ich aufgrund seiner Veröffentlichungen dort den Tod fürchten. Trotz veränderter politischer Lage bleiben die Rechtsstrukturen als hinreichende Bedingung zum Exil bestehen.

> Das ist wahr, unangenehm
> Wär' mir das Erschossen-werden;
> Bin kein Held, es fehlen mir
> Die pathetischen Gebärden.

Der Wunsch zur Rückkehr, der sich auf die Frage „Jetzt wohin?“ im ersten Vers augenblicklich einstellt, wird vom Blick auf die realen, äußeren Zustände sogleich zunichte gemacht. Das leuchtet auch dem lyrischen Ich ein. Der Tod wäre ihm, so stellt es in ironischer Untertreibung fest, „unangenehm“, das Konzept des Heldentums weist es zurück, indem es dieses in ironischer Konnotationsverschiebung dekonstruiert. Deutlich wird bei dieser Charakterisierung auf das selbstkonstruierende Moment des Helden verwiesen: In der betont leidenschaftlichen Geste zielt er auf Außenwirkung ab, gleich einem Schauspieler versucht er, ein gewünschtes Bild im Auge des Betrachters zu erzeugen. Man wird nicht aus innerer Verbundenheit zum Vaterland zum Helden – an dieser würde es dem lyrischen Ich ja nicht mangeln, wie sein unterdrückter Wunsch zur Rückkehr zeigt –, sondern aus dem Wunsch nach der Konstruktion gewünschter Außenwirkung. Ohne Scham noch Reue kann das lyrische Ich diese Form der Heimatverbundenheit von sich weisen. In den Strophen vier bis sieben werden andere Länder als Alternativen ins Auge gefasst und nacheinander verworfen.

Gern würd' ich nach England geh'n,
Wären dort nicht Kohlendämpfe
Und Engländer – schon ihr Duft
Giebt Erbrechen mir und Krämpfe.

Zur Ablehnung führt dabei stets die Entblößung kultureller Konzepte, die mit diesen Ländern konnotiert werden; dies geschieht durch das Begehen von Fehlern in der Wiederaufführung der Konzepte. Diese Fehler fungieren zugleich als Ironiesignale, kennzeichnen die Rede also als uneigentlich und verleihen dem Text bei aller Ernsthaftigkeit der Thematik einen nicht zu vernachlässigenden Witz. Zuerst wendet sich der Blick nach England, doch stören dort die „Kohlendämpfe" als Hinweis auf die in Folge der Industrialisierung verpestete Luft. Dies kann auch als Metapher für die Entmenschlichung durch die Technisierung gelesen werden, deren Spitzenreiter England damals war. Man könnte hier also eine klare Absage an eine gesellschaftliche Entwicklung vermuten, durch welche die Fabriken den Menschen das lebensnotwendige Atmen erschweren, würde das Gedicht nicht in sofortigem Anschluss den Körpergeruch der Engländer als zumindest ebenso schlimm schildern. Der Industrialisierungskritik folgt eine literarisch durch ein Zeugma[10] realisierte ironische Parallelisierung der Fabrikschornsteine mit den Menschen selbst. So scheinen sich die Probleme in Bezug auf England schließlich als subjektive Störung auf die Nase des lyrischen Ichs zurückführen zu lassen. Allerdings erlaubt in ihrer Uneigentlichkeit die Ironie auch hier keine endgültige Festlegung. So eröffnet sich in dieser Strophe ein Spannungsfeld zwischen objektiver Gesellschaftskritik und subjektivem Ästhetizismus.

Der Möglichkeit, „nach Amerika zu segeln", widmen sich daraufhin gleich zwei Strophen des betrachteten Gedichtes.
Manchmal kommt mir in den Sinn

Nach Amerika zu segeln,
Nach dem großen Freyheitsstall,
Der bewohnt von Gleichheits-Flegeln –

Doch es ängstet mich ein Land,
Wo die Menschen Tabak käuen,

10 „Zuordnung eines Satzgliedes (Wortes) zu zwei (oder mehr) syntakt. oder semant. verschiedenen Satzteilen" (*Metzler Lexikon Sprache*, hrsg. v. Helmut Glück. 3., neubearb. Auflage. Stuttgart / Weimar: Metzler 2005, S. 754.

Wo sie ohne König kegeln,
Wo sie ohne Spucknapf speyen.

Ironisch werden hierbei die Revolutionsideale von Freiheit und Gleichheit subvertiert. Amerika erscheint als „Freiheitsstall / Der bewohnt von Gleichheitsflegeln“. Die Antinomie „Freiheitsstall“ weist auf die Unzulänglichkeit eines negativen Freiheitsbegriffes, sprich der bloßen Abwesenheit von Zwang hin. Auch unreflektierte Lobpreisung der Gleichheit als genuin wertvoll wird durch die abwertende Charakterisierung der amerikanischen Bürger als „Gleichheitsflegel“ kritisiert. Obgleich der Begriff „Gleichheit“ oft mit Bezug auf humanistische Konzepte wie eine unveräußerliche Würde und universelle Menschenrechte verwendet wurde, zeigt sich, dass diese Werte dem Gleichheitsbegriff durchaus nicht immanent sind. Gleichheit kann auch im Negativen bestehen: im Unkultivierten, Flegelhaften. Diese Form der Gleichheit erzeugt keine auf wünschenswerte Weise freie Gesellschaft, wie die daran anschließende Strophe nochmals verdeutlicht: In dieser wird ein Ordnung stiftender König vermisst. Dieser Wunsch erscheint aber zugleich höchst ironisch, denn der König fehle nur zum „[K]egeln“, zum Spiel also, und wird syntaktisch parallelisiert mit dem „Spucknapf“ im folgenden Vers. Eine weitere Spannung ergibt sich zwischen dem auf Inhaltsebene beschriebenen Chaos und der formalen Ordnung der Sprachebene, welche durch den Parallelismus auf der Satzebene und die Alliterationen König / kegeln und Spucknapf / spucken auf der Wortebene eine stark geordnete Strukturierung aufweist. Zuletzt wird Russland als mögliche neue Wahlheimat verhandelt, im Vergleich zu den vorhergegangenen Überlegungen aber eher lapidar abgetan.

Rußland, dieses schöne Reich
könnte mir vielleicht behagen,
doch im Winter könnte ich
dort die Knute nicht ertragen.

Es sei zwar ein „schöne[s] Reich“ und könnte „behagen“, doch die Knute im Winter, wohl ein Verweis auf das berüchtigt raue Klima, sei zu hart. Hier stellen sich beim Leser schließlich Zweifel daran ein, ob das lyrische Ich wirklich darum bemüht ist, eine neue Heimat für sich zu erschließen. Überhaupt scheint die Möglichkeit, Heimat aus eigenem Entschluss zu wählen, fragwürdig zu werden. Das Konzept der Heimat beinhaltet schließlich immer ein irrationales Moment, ein Gefühl der apriorischen und unerschütterlichen Zugehörigkeit. So sehr das Heimatkonzept in der Exilperspektive auch ins Wanken gerät: sich gänzlich davon zu lösen, scheint trotzdem nicht einfach zu sein. So schließt nach der Strophe zu Russland auch die Betrachtung der möglichen neuen Wahlheimaten und der Blick wendet sich ab von weltlichen Grenzen in Richtung Himmel.

Auch *Anno 1839*[11], das zweite der hier untersuchten Gedichte, verhandelt Konzepte verschiedener Nationen. Allerdings geschieht dies ganz anders als in *Jetzt wohin?*: Nicht nacheinander und für sich, sondern in direkter Gegenüberstellung vergleicht das lyrische Ich seine deutsche Heimat mit dem Pariser Exil.

> O, Deutschland, meine ferne Liebe,
> Gedenk' ich deiner, wein' ich fast!
> Das muntre Frankreich scheint mir trübe,
> Das leichte Volk wird mir zur Last.
>
> Nur der Verstand, so kalt und trocken,
> Herrscht in dem witzigen Paris –
> O, Narrheitsglöcklein, Glaubensglocken,
> Wie klingelt ihr daheim so süß!

Auf der Textoberfläche wird die „ferne Liebe" Deutschland hierbei in allen Punkten sehnsüchtig lobend vorgezogen, Frankreich verschmäht. Doch das Gedicht ist gespickt mit Ironiesignalen, vor allem in Form von Bedeutungsverschiebungen und semantischen Unstimmigkeiten.

Die Attribuierung der an Deutschland gelobten Aspekte ist fast durchweg paradox und doppelbödig. So sehnt das lyrische Ich sich nach deutschen „Glaubensglocken", nennt diese allerdings in einem Zuge mit „Narrheitsglöcklein" und lässt sie gleich diesen nur süß „klingel[n]" anstatt erhaben läuten oder schlagen: Was auf den ersten Blick wie religiöse Sehnsucht scheint, entpuppt sich auf den zweiten als Denunziation der Kirche, indem deren Symbole als reiner Dekor aufgefasst und in Abgrenzung zum französischen „Verstand", in Bezugnahme auf die „Narrheitsglöcklein" in den Bereich des Irrationalen gerückt werden. Auch das Lob der Einwohner Deutschlands gestaltet sich höchst zweifelhaft.

11 Heinrich Heine: Anno 1839. In: *DHA*, Bd. 2: Neue Gedichte. Hamburg: Hoffmann und Campe 1983, S. 80–81.

Höfliche Männer! Doch verdrossen
Geb' ich den art'gen Gruß zurück. –
Die Grobheit, die ich einst genossen
Im Vaterland, das war mein Glück!

Lächelnde Weiber! Plappern immer,
Wie Mühlenräder stets bewegt!
Da lob' ich Deutschlands Frauenzimmer,
Das schweigend sich zu Bette legt.

Das Glück, das sie dem lyrischen Ich damals bereiteten, führt dieses auf ihre „Grobheit" zurück. An den deutschen Frauen wird besonders geschätzt, dass sie sich „schweigend [...] zu Bette" legen, was nicht eben von respektvoller Anerkennung zeugt. Verstärkt wird dies durch die abwertende Bezeichnung „Frauenzimmer" im vermeintlichen Lob. Ebenso ambivalent werden in der fünften Strophe die politischen und gesellschaftlichen Zustände im Heimatland gepriesen.

Und alles dreht sich hier im Kreise,
Mit Ungestüm, wie'n toller Traum!
Bei uns bleibt alles hübsch im Gleise,
Wie angenagelt, rührt sich kaum.

Dort sei alles beständig und in Ordnung, „bleibt alles hübsch im Gleise". Während das Gleis noch an einen gelenkten Zug, einen Fortschritt in geregelten Bahnen denken lässt, wird im folgenden Vers schließlich jegliche Bewegung, jegliches Vorankommen negiert: „Wie angenagelt" sei die Situation, sie „rührt sich kaum". Das Attribut „angenagelt" ironisiert das Lob der Zustände, es verweist auf den äußeren Zwang, der die Ordnung künstlich aufrechterhält, anstatt dass diese von innen her beständig sei. Der Nagel kann hier zudem als Verweis auf das christliche Symbol des Kreuzes und damit auf die repressive Kraft der Kirche gelesen werden. Antithetisch dazu wird Frankreich als Land der Vernunft zurückgewiesen, mit seiner Leichtigkeit und Höflichkeit verdrießt es das lyrische Ich, ohne dass weitere Gründe dafür angegeben würden als der Kontrast zur Heimat. So wird hier einerseits die sentimentale Heimatliebe des lyrischen Ich ironisiert: Aus blinder Heimatverbundenheit ist es unfähig, positive Aspekte im rechten Licht zu erblicken. Es weist auch den „Verstand", der in Paris herrscht, als „kalt und trocken" zurück. Doch ist die Rede hier nicht in dem Sinne uneigentlich, dass sich der oberflächliche Textsinn einfach in sein Gegenteil kehren und dort verharren würde: Vielmehr findet eine wechselseitige Befragung zwischen den

Konzepten des aufklärerischen Frankreichs und der rückständigen Heimat statt, ohne dass endgültig zwischen diesen entschieden werden könnte. Die Widersprüche synthetisieren sich nicht, sie heben sich nicht auf, sondern bleiben nebeneinander bestehen.
So wird in *Anno 1839* eine unvernünftige Heimatliebe einerseits in höchstem Maße ironisiert, dadurch befragt und kritisiert – als Eigenes konstituiert sich diese Heimat jedoch wiederum erst im distanzierten Blick selbst. In diesem Sinne stellt Dirk von Petersdorff fest:

> In „Anno 1839“ kann man also sehr gut erkennen, wie die Ironie verwendet wird, um Widersprüche, die im Geschichtsverlauf auftreten und die der einzelne Mensch in sich austrägt, zu thematisieren, um dann mit diesen Widersprüchen heiter und auch distanziert umzugehen.[12]

Dadurch zeigt sich, so Petersdorff weiter, „dass es Heine weniger um ein zweckgebundenes und zielgerichtetes Verlachen und stattdessen um ein Widerspiel verschiedener Positionen geht.“[13] Die Heimatliebe, welche das Gedicht auf der Textoberfläche ganz unreflektiert transportiert, wird bei genauerem Hinsehen, zu dem die Ironiesignale anregen, unterwandert und parodiert. Sie wird dadurch aber nicht einfach negiert. Das Gedicht äußert sowohl Liebe als auch Kritik am Vaterland, spricht sowohl im Witz als auch im Ernst. Beide Seiten der Medaille, so widersprüchlich sie auch sind, sind im Text enthalten und die Spannung, die sich in dieser Vereinigung ohne semantische Synthese ergibt, ist es, die dem Text seinen eigenen Reiz verleiht: Er verschmilzt die Gegensätze, ohne sie aufzuheben und ohne in diesem Widerstreit ein endgültiges Urteil fällen zu wollen. Auch Hermand kommt in seiner Interpretation des Gedichtes zu diesem Schluss:

> 1839 läßt sich deshalb – über alles witzig unterkühlte Heimweh, über alle Deutschland Problematik, über alle Freude an der ironischen Widersprüchlichkeit hinaus – auch als eine Einübung in die Dialektik lesen […]. Wer sich diese ‚dialektisierende Optik‘, um einen Begriff Walter Benjamins aufzugreifen, einmal angeeignet hat, wird sie sich schwerlich wieder abgewöhnen können.[14]

Abschließend stellt sich die Frage nach dem Verhältnis von Heine'scher und romantischer Ironie in den ausgewählten Gedichten. Diese drängt sich geradezu auf, beachtet man Heines unbestreitbare

12 Petersdorff: Grenzen des Wissens, S. 13.

13 Ebd., S. 16.

14 Jost Hermand: Orte. Irgendwo. In: Marcel Reich-Ranicki (Hrsg.): *Frankfurter Anthologie. Gedichte und Interpretationen.* Frankfurt am Main: Insel 1980, S. 96–98, hier S. 97.

Verwurzelung in der romantischen Schule. Als Folge der romantischen Welterfahrung bildet die Ironie eine Zentralkategorie der romantischen Ästhetik. Nicht zuletzt vor dem Hintergrund zeitgenössischer Transzendentalphilosophie ist die Romantik vom Bewusstsein durchzogen, dass jegliche Erkenntnis der realen Welt immer durch die Bedingungen der eigenen Wahrnehmung verfälscht und begrenzt wird. Die totale Weltaneignung ist nicht möglich, diese zerfällt in der Romantik in eine Vielfalt subjektiver Brechungen. Das Bewusstsein dieser Unzulänglichkeit gebiert die romantische Ironie. Sie akzentuiert das Fragmentarische und wahrt damit die Leerstelle, an deren Platz die Weltwirklichkeit als zwar unerreichbare, jedoch existente metaphysische Größe vermutet wird. Wie es sich dazu mit der Heine'schen Ironie verhält, soll anhand der Schlussstrophen von *Jetzt wohin?* und *Anno 1839* untersucht werden. Beide Gedichte greifen gegen Ende auffällig auf romantische Motive zurück. In *Anno 1839* finden wir Erinnerungen an „Nachtwächterhörner", „Nachtwächterlieder" und „Nachtigallenlaut".

> Mir ist, als hört' ich fern erklingen
> Nachtwächterhörner, sanft und traut,
> Nachtwächterlieder hör' ich singen,
> Dazwischen Nachtigallenlaut.
>
> Dem Dichter war so wohl daheime,
> In Schildas theurem Eichenhain!
> Dort wob ich meine zarten Reime
> Aus Veilchenduft und Mondenschein.

Allein die überspitzte Häufung dieser drei Wörter auf so engem Raum wirkt stark ironisch. Das lyrische Ich, ein Dichter, sehnt sich zurück nach Deutschland, wo er aus „Veilchenduft und Mondenschein" seine Reime weben konnte: Kein romantisches Sehnen also, sondern ein ironisch-ambivalentes Sehnen nach der romantischen Wahrnehmung selbst. Diese wird hier aber an einen realen Ort, das Heimatland, gebunden. So weicht die Sehnsucht nach metaphysischer Welterkenntnis der Sehnsucht nach einem real begehbaren Territorium. Das Dilemma des lyrischen Ich ist kein erkenntnistheoretisches, sondern politisch durch das französische Exil bedingt. Noch deutlicher wird diese Umkehrung der romantischen Ironie in den Schlussstrophen von *Jetzt wohin?*:

Traurig schau ich in die Höh',
Wo viele tausend Sterne nicken –
Aber meinen eignen Stern
Kann ich nirgends dort erblicken.

Hat im güldnen Labyrinth
Sich vielleicht verirrt am Himmel
Wie ich selber mich verirrt
In dem irdischen Getümmel. –

Der Blick wird hier in romantischer Manier in Suche nach einer zufriedenstellenden Antwort gen Himmel gewandt. Doch ist das Nicken aller Sterne unzureichend, da der eigene Stern nicht aufzufinden ist. Gleich dem lyrischen Ich auf der Erde, so wird in der letzten Strophe gemutmaßt, hat dieser sich wohl am Himmel verirrt. Hier zeigt sich deutlich, was es mit dem Blick nach oben auf sich hat: Der Himmel wird nicht mit vor Staunen offenstehendem Mund nach seinem metaphysischen Geheimnis abgesucht, er dient im Gegenteil als Spiegel realer, politischer, irdischer Verhältnisse. Der verirrte Stern ist nichts weiter als ein Abbild des entwurzelten Exilanten. Die Ironie ist hier kein Ausdruck einer Bewusstseins-, sondern einer im Exil real erfahrenen Geschichtskrise. In Frage gestellt wird nicht die Erfahrbarkeit der Dinge an sich, sondern die gesellschaftlich reproduzierte Erfahrung in kulturell konstruierten Konzepten. Für Heine, so stellt auch Preisendanz fest, „sind die politisch-sozialen Verhältnisse sogar nicht nur eine ausgezeichnete Wirklichkeit, sondern geradezu die Wirklichkeit als der Raum, in dem ihn etwas als Wirkliches betrifft und beansprucht."[15] Der „*große Weltriss*, der durch das Herz des Dichters geht", so schreibt er weiter, ist „nicht metaphysisch oder ontologisch gemeint [...], sondern als Ergebnis interdependenter geschichtlicher, gesellschaftlicher und ideologischer Prozesse."[16] Wie die begrifflichen Konzepte von Heimat, Heldentum und Patriotismus wird also auch das strukturelle Konzept der romantischen Ironie selbst in der Heine'schen Ironie bei Verschiebung des Inhalts in seiner rhetorischen Setzung zitiert und dadurch subvertiert, dekonstruiert. Durch diese Ironisierung der (romantischen) Ironie wird vor dem Hintergrund der realen Exilerfahrung das Lachen selbst in Frage gestellt: Es relativiert sich in seiner Verdopplung, in der unauflöslichen Spannung

15 Wolfgang Preisendanz: *Heinrich Heine*. München: Fink 1983, S. 60.
16 Ebd., S. 62.

zwischen Abwehr und Sehnsucht, De- und Rekonstruktion von Heimat im Exil.
Nach den durchgeführten Analysen überrascht es nicht mehr, dass Heines Exillyrik durchweg von Ironie geprägt ist. Diese hat sich als adäquate Sprechweise erwiesen, um die Widersprüche, die das Exilbewusstsein im Subjekt erzeugt, zu verhandeln. Ausschlaggebend dafür ist, dass es sich bei der Ironie um eine negatorische Form des uneigentlichen Sprechens handelt: Ebenso wie der exilierte Blick die Heimat als Eigenes und Anderes zugleich zeigt und damit ein paradoxes Spannungsfeld eröffnet, kann auch die ironische Sprechweise sich gegenseitig ausschließende Ansichten in einem Zuge wiedergeben, ohne diese dabei zu versöhnen oder sich auf eine Seite zu schlagen. Die Ironie verleiht den Texten zudem eine gewitzte Leichtigkeit ohne damit die Ernsthaftigkeit der Thematik in Frage zu stellen. In Petersdorffs Worten: „Beides ist also vorhanden, Pathos und Witz, nichts herrscht absolut, und diese Koexistenz verschiedener Weltzuwendungen und Gefühle lässt sich mit dem Mittel der Ironie ausdrücken."[17] Das Exil als paradoxe Lebensform kann durch die Ironie poetisch verhandelt werden, da diese die Voraussetzung dazu erfüllt, die niemals fixierbare Exilperspektive in ihrer ständigen Oszillation zwischen verschiedenen Heimatkonzepten nachzuvollziehen: „Es geht nun darum, dass Heine […] um die Grenzen seines und jedes Sprechens weiß, dass sich bei ihm verschiedene Positionen aneinander reiben und er nicht einfaches Verlachen will, sondern das Vermeiden von Fixierungen, das Offenhalten von letzten Fragen."[18] Die Ironie kann dieses *Offenhalten* auf verschiedene Weisen leisten. In *Jetzt wohin?* werden nationale Konzepte durch ironische Verschiebungen und Überspitzungen in Frage gestellt. Die Ironie erzeugt hierbei einen verfremdenden Effekt, der die Konstruiertheit der Nationalidentität offenlegt und parodiert. Anders verhält es sich in *Anno 1839*. Hier finden sich zwei Heimatkonzepte im Widerstreit: sie dekonstruieren sich gegenseitig. Diese dekonstruierende Leistung kann allerdings nur in dem Maße vollbracht werden, indem den Standpunkten wiederum Berechtigung zugestanden wird – beide Seiten, blinde Vaterlandsliebe und kalter Spott aufs Vaterland, finden sich dadurch sowohl negiert als auch im Ganzen bewahrt. In Bezug auf die Ironie der Romantik

17 Petersdorff: Grenzen des Wissens, S. 9.
18 Ebd., S. 6.

hat sich gezeigt, dass Heine wie so oft auch hier „an die Romantik anknüpft, doch nur, um sie zu überwinden.“[19] Die Gedichte weisen romantische Motive auf, doch sie treten nicht in romantischer Manier vor der Unfassbarkeit eines metaphysischen Weltganzen zurück. Die untersuchten Texte verhandeln die im Exil real erfahrenen, durch politische Zustände verursachten irdischen Grenzen. So wird die Ironie als Zentralkategorie und richtungsweisendes Stilmittel der Romantik selbst noch einmal ironisiert. Das bleibt nicht ohne Auswirkung, wie Preisendanz feststellt:

> Das Besondere solcher Komik scheint mir darin zu liegen, daß sich in ihr eine zweite Ebene bietet, indem mit dem jeweiligen Komischfinden zugleich die Problematik der im Lachen liegenden Reaktion ausgespielt und also der Humor als Auffassungsnorm selbst relativiert wird. Das Komische des Schrecklichen hat, so stellt es sich dar, das Schreckliche der Komik zur Kehrseite.[20]

So trägt die Ironie trotz ihres Witzes und ihrer Vermeidung von Fixierungen auch dem Schrecken, den die Exilerfahrung in ihrer Erschütterung innerer Grundsicherheiten mit sich bringt, Rechnung. Dabei ist „Ironie […] die Methode, Distanz die Absicht oder das Ergebnis.“[21] Indem sie diese Distanz ohne gleichzeitige Festlegung gewähren kann, erweist sich die ironische Sprechweise im höchsten Maße geeignet zur poetologischen Verhandlung der durchs Exil bedingten Widersprüche von und zwischen Heimatkonzepten.

19 Schnell: Poetische Lebensform, S. 88.

20 Preisendanz: *Heinrich Heine*, S. 157.

21 Joseph A. Kruse: Ironie und Distanz bei Heine. In: *Heine-Jahrbuch* 43 (2004), S. 238–243, hier S. 238.

# Heimat als Lücke

## Referenzloses Heimweh in Mascha Kalékos *Emigranten-Monolog*

Sophie Bornscheuer

Exilerfahrungen gehen häufig mit einer verstärkten Auseinandersetzung mit dem *Vaterland* beziehungsweise der *Heimat* einher. Denn das Exil, die Trennung von Ursprung und Herkunft, impliziert eine Differenzerfahrung, die erst zur Wahrnehmung des Eigenen befähigt. Eine Beobachtung, die schon Heinrich Heine in der *Vorrede zum ersten Band des Salon* beschrieb, wo konstatiert wird, dass „die deutsche Vaterlandsliebe erst an der deutschen Grenze“[1] beginne. Somit erklärt sich unter anderem die Dominanz des Heimatkonzeptes als literarisch verhandelter Topos in den Texten der Exilliteratur.
Gegenstand der folgenden Lektüre ist ein Gedicht, in dem die Kategorie der Heimat gerade im Zusammenhang mit Exil grundsätzlich problematisiert wird – Mascha Kalékos erstmals 1945 in dem Gedichtband *Verse für Zeitgenossen* erschienener *Emigranten-Monolog*:

> Ich hatte einst ein schönes Vaterland,
> So sang schon der Refugee Heine.
> Das seine stand am Rheine,
> Das meine auf märkischem Sand.
>
> Wir alle hatten einst ein (siehe oben!)
> Das fraß die Pest, das ist im Sturm zerstoben.
> O, Röslein auf der Heide,
> Dich brach die Kraftdurchfreude.
>
> Die Nachtigallen wurden stumm,
> Sahn sich nach sicherm Wohnsitz um,
> Und nur die Geier schreien
> Hoch über Gräberreihen.
>
> Das wird nie wieder wie es war,
> Wenn es auch anders wird.
> Auch wenn das liebe Glöcklein tönt,
> Auch wenn kein Schwert mehr klirrt.

1 Heinrich Heine: Vorrede zum ersten Band des Salon. In: Ders.: *Werke*, hrsg. v. Helmut Schanze. Bd. IV: Schriften über Deutschland. Frankfurt am Main: Insel 1968, S. 36–43, hier S. 42.

Mir ist zuweilen so als ob
das Herz in mir zerbrach.
Ich habe manchmal Heimweh.
Ich weiß nur nicht, wonach…[2]

Kaléko hat das Gedicht im US-amerikanischen Exil geschrieben, in das sie 1938 mit ihrem Mann und ihrem Sohn aus Berlin über Paris geflüchtet war. Ihre Emigration nach New York war nicht die erste Exilerfahrung, die sie in ihrem Leben machte: Als Kind jüdischer Eltern ist sie in Galizien, damals zur Habsburgermonarchie gehörend, aufgewachsen, bevor sie mit ihrer Familie zu Beginn des Ersten Weltkrieges nach Deutschland emigrierte.[3] In der Zwischenkriegszeit erreichte Kaléko mit ihren Großstadtgedichten im Stil der Neuen Sachlichkeit großen Erfolg in der literarischen Szene Berlins. Dieser wurde durch die Nationalsozialisten, die ihr 1935 Publikationsverbot erteilten, beendet.[4] Die in New York entstandenen Gedichte unterscheiden sich durch ihre Melancholie wesentlich von denen aus Kalékos erster Schaffensphase.

Augenscheinliches Charakteristikum des *Emigranten-Monologs* sind die intertextuellen Bezüge. Schon der erste Vers stellt ein Zitat aus Heines 1844 veröffentlichtem Gedicht *In der Fremde*[5] dar, welches durch den darauf folgenden Zusatz „So sang schon der Refugee Heine“ als solches explizit ausgewiesen wird. Das einleitende Personalpronomen „Ich“ ruft somit mindestens zwei Bezugsfiguren auf: Das – wie der Titel konstatiert – monologisierende lyrische Ich und jenes des Gedichtes *In der Fremde*. Damit werden in der ersten Strophe das lyrische Ich des *Emigranten-Monologs* und das aus Heines Gedicht in einer Verbundenheit präsentiert, die sich erstens in dem

2 Mascha Kaléko: Emigranten-Monolog. In: Dies.: *Verse für Zeitgenossen*. Cambridge, MA: Schoenhof 1945, S. 24.

3 Vgl. Nevana Hadjieva: Interkulturalität in „Lower Eastside“ und „Greenwich Village“ von Mascha Kaléko? In: Maja Razbojnikova-Frateva / Hans-Gerd Winter (Hrsg.): *Interkulturalität und Nationalkultur in der deutschsprachigen Literatur*. Dresden: Thelem 2006, S. 261–270, hier S. 262.

4 Vgl. Sonja Hilzinger: „Heimat du, wievielte“. Facetten eines Amerika-Bildes in der Lyrik von Rose Ausländer und Mascha Kaléko. In: Jochen Vogt / Alexander Stephan (Hrsg.): *Das Amerika der Autoren*. München: Fink 2006, S. 149–167, hier S. 152–156.

5 Heinrich Heine: In der Fremde. In: Ders.: *Historisch-kritische Gesamtausgabe der Werke*, hrsg. v. Manfred Windfuhr. Bd. 2: Neue Gedichte. Hamburg: Hoffmann und Campe 1983, S. 71–73. Die Düsseldorfer Heine-Ausgabe wird im Folgenden mit der Sigle DHA zitiert.

Verlust eines Vaterlandes, einer Heimat, die man zu besitzen glaubte, und zweitens in der damit einhergehenden gemeinsamen Situation der Emigration begründet. Bezüge zu Heine sind auch in anderen Texten Kalékos[6] und allgemein in der Exilliteratur – insbesondere der deutsch-jüdischen – häufig zu finden.[7] Die Identifikation vieler während der NS-Zeit emigrierter Schriftsteller mit Heine, der ein Jahrhundert vor ihnen die Erfahrung des Exils machen musste, fasst Anna Seghers in folgende Worte: „Heine hat alle Stadien der Emigration mit uns geteilt: Die Flucht und die Heimatlosigkeit und die Zensur und die Kämpfe und das Heimweh."[8] Stiftet die eine Seite des Bezugs auf Heine über Zeiten hinweg Kontinuität, markiert die andere einen Bruch, indem sich die Gemeinsamkeit eben über einen Verlust, den der Heimat, herstellt.

Die zweite Strophe suggeriert zunächst eine Akzentuierung des Aspekts der Kontinuität, indem das „Ich" in dem parallel zum ersten Vers konstruierten Beginn dieser Strophe in einem Kollektiv verortet wird. Die Analogie zum Gedichtanfang lässt ein gemeinsames Bezugsobjekt – das Vaterland – erwarten. („Ich hatte einst ein schönes Vaterland." / „Wir alle hatten einst ein […]") An Stelle des Bezugsobjekts tritt jedoch der die poetische Rede durchbrechende, formalistische Verweis „(siehe oben!)". Das Vaterland als Bezugsobjekt manifestiert sich als Lücke, wodurch die Verortung des „Ich" in einem kollektiven Erfahrungsraum revidiert wird.[9] Das genealogisch und territorial konnotierte Bild vom Vaterland wird im *Emigranten-Monolog* somit als gemeinschafts- und identitätsstiftendes Konzept dekonstruiert. Mit dem als Apostrophe eingefügten Zitat Goethes aus seinem 1770 verfassten volkstümlichen Gedicht *Heidenröslein*[10]

6 Vgl. z.B. Mascha Kaléko: Deutschland, ein Kindermärchen. In: *Frankfurter Hefte* 11,4 (1956), S. 281.

7 Vgl. Ariane Neuhaus-Koch: „Heine hat alle Stadien der Emigration mit uns geteilt". In: Joseph A. Kruse / Bernd Witte / Karin Füllner (Hrsg.): *Aufklärung und Skepsis. Internationaler Heine-Kongreß 1997 zum 200. Geburtstag*. Stuttgart / Weimar: Metzler 1999, S. 649–665.

8 Anna Seghers: Abschied vom Heinrich-Heine-Klub. In: Dies.: *Über Kunstwerk und Wirklichkeit*, hrsg. v. Sigrid Bock. Bd. I: Die Tendenz in der reinen Kunst. Berlin: Akademie 1970, S. 205–208, hier S. 207.

9 Vgl. Doerte Bischoff / Susanne Komfort-Hein: Vom anderen Deutschland zur Transnationalität. Diskurse des Nationalen in Exilliteratur und Exilforschung. In: *Exilforschung. Ein internationales Jahrbuch* 30 (2012): Exilforschung im historischen Prozess, S. 243–274, hier S. 248.

10 Johann Wolfgang Goethe: Heidenröslein. In: Ders.: *Sämtliche Werke. Briefe,*

wird dann eine andere Kategorie, die häufig der Konstruktion eines an *Heimat* gebundenen Gemeinschaftsentwurfes dient, aufgerufen: die Idee einer einenden Geistes- und Kulturgeschichte. Doch auch dieses Konstrukt wird durch die mittels eines Reims bedingte Verbindung des Heidenrösleins mit der NS-Institution „Kraft durch Freude" unterlaufen.

Was bewirken diese intertextuellen Bezüge aus literaturästhetischer Perspektive? Die Zitatstruktur begründet den Collagen-Charakter des Gedichtes und bringt man diese Schreibweise mit Walter Benjamins Bestimmung des Zitierens[11] in Verbindung, repräsentiert sie, so hier die These, zum einen die Unmöglichkeit der Rekonstruktion von Heimat und zum anderen den Prozess der Emigration. Nach Benjamin sind Zitate in gewisser Weise einmalig und unwiederholbar, da sie beim Zitieren immer eine Verschiebung erfahren. „Das wird nie mehr wie es war" – Die in Kalékos Gedicht im Hinblick auf die Irreversibilität des Heimatverlustes formulierte Erkenntnis kann damit auch auf die Eigenart von Zitaten bezogen werden. Zudem bezeichnet Benjamin jedes Zitieren als das Herausreißen von etwas Geschriebenem aus seinem Zusammenhang, und er beschreibt das Einfallen des Zitats in einen anderen, eigenen Raum.[12] Diese Analyse lässt sich ebenfalls auf den Prozess der Emigration applizieren. Wie die Zitate Teil des Gedichtes und zugleich Fremdkörper in ihm sind, so sind Emigranten in gewisser Weise Mitglieder der Aufnahmegesellschaft und trotzdem nicht vollständig in ihr integriert.

Das ambivalente Bild der Isolation bei gleichzeitiger Zugehörigkeit trifft auch auf das Wesen von Fremdwörtern zu, wie hier „Refugee" in dem deutschsprachigen Kontext des Gedichtes.[13] Das englische Wort ist in die Struktur des deutschen Satzes integriert und sogar an die Substantiv-Großschreibung der deutschen Sprache angepasst. Gleichwohl erscheint es mit seinem in der deutschen Sprache nicht vorkommenden Retroflex-R als fremd und andersartig, wodurch das

*Tagebücher und Gespräche*, hrsg. v. Karl Eibl. Bd. I: Gedichte 1756–1799. Frankfurt am Main: Deutscher Klassiker Verlag 1987, S. 278.

11 Vgl. Walter Benjamin: Erkenntniskritische Vorrede. In: Ders.: *Ursprung des deutschen Trauerspiels*. Frankfurt am Main: Suhrkamp 1963, S. 7–44.

12 Vgl. auch Marianne Schuller: Unterwegs ins Exil – Zur Dichtung Else Lasker-Schüler. Vortrag an der Universität Hamburger 2011. http://lecture2go.uni-hamburg.de/veranstaltungen/-/v/13206, 00:55:10–00:56:20 (Zugriff am 27.06.2012).

13 Vgl. Bischoff / Komfort-Hein: Vom anderen Deutschland, S. 249.

Motiv des Emigranten abermals in ästhetischer Perspektive produktiv gemacht wird, und verweist als „Wort aus der Fremde", wie es bei Adorno heißt, auf das „Mißlingen[] jener Vereinheitlichung"[14], welche die Heimat- beziehungsweise Nationalideologie beansprucht.
Das Gedicht unterläuft durch die Hybridisierung von englischer und deutscher Sprache die Vorstellung von einer homogenen Sprache und schließlich wird mit der Mehrsprachigkeit[15] des Gedichtes ein zentraler Topos von Exilliteratur aufgeworfen: das „Sprach-Problem", um es mit einem Begriff von Klaus Mann auszudrücken.[16] Das sprachliche Dilemma manifestierte sich zum einen in der Abgeschnittenheit der Emigranten von ihrer Sprachgemeinschaft und zum anderen durch den nationalsozialistischen Missbrauch der Sprache und bedeutete damit einen bedrohlichen Entzug des primären Werkzeugs der emigrierten Schriftsteller. Der Aspekt der sprachlichen Isolation erweist sich als sinnstiftend für den Titel, der die lyrische Rede als Monolog ankündigt. Die Exilsituation entzieht dem sprechenden oder schreibenden „Ich" das Publikum und damit die Möglichkeit einer adressatenbezogenen Rede. Der Missbrauch der Sprache durch die Nationalsozialisten wird im Gedicht mit dem Wortkonstrukt „Kraftdurchfreude" thematisiert. Das reimende Zusammenführen der NS-Institution mit dem Heidenröslein repräsentiert das unabkehrbare Einwirken der nationalsozialistischen Barbarei auf die sogenannte Kultursprache und die deutsche Kulturtradition insgesamt.[17]

Zusammenfassend hat sich gezeigt, dass das Gedicht einschlägige Gedankenkonstrukte, auf denen die Heimat-Ideologie basiert, zusammenbrechen lässt: Die Vorstellung von einem Vaterland als gemeinsamem Territorium, die These von einer gemeinsamen Geistes- und Kulturgeschichte und die Idee einer gemeinsamen, homogenen Sprache. Dieser Zerfall spiegelt sich im Gedicht auch formal

14 Theodor W. Adorno: Wörter aus der Fremde. In: Ders.: *Noten zur Literatur*. Frankfurt am Main: Suhrkamp 1981, S. 216–232, hier S. 219.

15 Vgl. dazu auch *Exilograph. Newsletter der Walter A. Berendsohn Forschungsstelle für deutsche Exilliteratur* 18 (2012): „Sprachwechsel und Exil". http://www1.slm.uni-hamburg.de/de/forschen/arbstzentren/exilforschung.html (Zugriff am 15.12.2012).

16 Klaus Mann: *Tagebücher 1940–1943*, hrsg. v. Joachim Heimannsberg / Peter Laemmle / Wilfried F. Schoeller. München: Edition Spangenberg 1991, S. 25.

17 Damit steht Kalékos Gedicht in deutlichem Widerspruch zu dem unter anderem von Heinrich Mann postulierten Konzept eines *anderen Deutschlands*; vgl. z. B. Heinrich Mann: Die Aufgabe der Emigration. In: Ders.: *Verteidigung der Kultur. Antifaschistische Streitschriften und Essays*, hrsg. v. Werner Herden. Berlin: Aufbau 1971, S. 15–16.

durch eine Häufung von Waisen in der vierten und fünften Strophe nach anfänglich klaren Reimschemata.
Wie aber ist die letzte Strophe zu erklären, wenn sich Heimat in diesem Gedicht als Lücke manifestiert? Heimweh als in einer Sehnsucht nach dem Heim begründeter Schmerz setzt die Existenz einer Heimat voraus. Wie in der vorangehenden Analyse gezeigt, wurde diese aber im Gedicht dekonstruiert. Damit liegt nahe, dass das lyrische Ich des *Emigranten-Monologs* nicht vorwiegend an „traditionelle[m]" Heimweh, sondern an „echte[m]", wie es Jean Améry nennt, leidet: „Das echte Heimweh war nicht Selbstmitleid, sondern Selbstzerstörung. Es bestand in der stückweisen Demontierung unserer Vergangenheit. [...] Die Feindheimat wurde von uns vernichtet, und zugleich tilgten wir das Stück eigenen Lebens aus, das mit ihm verbunden war."[18] Das Leiden des lyrischen Ichs gründet in dieser Perspektive nicht nur im Bruch mit der Heimat, sondern auch in dem mit der eigenen Vergangenheit, dem Selbst, das sich mit der retrospektiv als Täuschung dekuvrierten Heimat identifiziert hat. In dieser Lesart lässt sich auch die Apostrophe in der zweiten Strophe („O, Röslein auf der Heide, / Dich brach die Kraftdurchfreude") mit dem Titel, der die lyrische Rede als Monolog markiert, in Einklang bringen. Sie stellt eine selbst gerichtete Rede dar – eine Hinwendung zu dem Teil des lyrischen Ichs, das sich mit und über die deutsche Kulturtradition identifiziert hat.

Das lyrische Ich ist verortet in einem Spannungsfeld von Verlorenem und Gegenwärtigem, das dem Gedicht im wörtlichen Sinne eingeschrieben ist und – um abschließend noch einmal auf die Autorin des Gedichtes zurückzukommen – auch das Leben Mascha Kalékos geprägt hat. Dies veranschaulichen folgende Worte, die sie 1956 während ihres ersten Besuches in Deutschland nach der Emigration in einem Brief an ihren Mann richtete:

> Unsere Zeit ist es nicht mehr. Die jungen Leute sind alle ohne „background", und Kontakt hat man wohl nur mit Leuten im „Mittelalter" oder älter. Die erinnern sich noch [...] irgendwie spürt man eine Lücke, genau beschreiben kann ich's noch nicht.[19]

18 Jean Améry: Wieviel Heimat braucht der Mensch? In: Ders.: *Jenseits von Schuld und Sühne. Bewältigungsversuche eines Überwältigten.* Stuttgart: Klett-Cotta 1980, S. 74–101, hier S. 88.

19 Mascha Kaléko zit. in Jutta Rosenkranz: *Mascha Kaléko. Biografie.* München: dtv 2007, S. 123.

# Zwischen Selbstverständlichkeit und Selbstbestimmung

## Konstruierte Heimat bei Jenny Aloni und Hilde Domin

Caroline Schwarz

> [W]as allen in die Kindheit scheint und worin noch niemand war: Heimat[1]
> (Ernst Bloch)

Dem Begriff der Heimat haftet immer der Moment der Vagheit an. Besonders im Zusammenhang mit dem Exil beginnt seine Bedeutung unsicher zu werden und muss infrage gestellt werden. Das diesen Essay einleitende Zitat Ernst Blochs ist auch dem Roman *Das zweite Paradies* von Hilde Domin vorangestellt. In seiner Vagheit, die sich in ihm ausdrückt, ist es der ideale Einstieg in den Essay, in welchem unterschiedliche Heimatkonzepte – die im close reading-Verfahren aus den Romanen *Zypressen zerbrechen nicht* von Jenny Aloni und *Das zweite Paradies* von Hilde Domin herausgearbeitet wurden – vorgestellt und thematisiert werden sollen.

### I. Ausgangsthese

Im Folgenden soll gezeigt werden, dass sich sowohl in *Zypressen zerbrechen nicht* als auch in *Das zweite Paradies* jeweils zwei unterschiedlich konnotierte Heimatkonzepte herausarbeiten lassen. Eines dieser Heimatkonzepte, welches als ‚natürlich' angesehen wird, ist sowohl bei Aloni als auch bei Domin anfänglich in sehr ähnlicher Form zu finden. Im Anschluss an dieses als ursprünglich angenommene Heimatkonzept entstehen in den Texten von Aloni und Domin – jeweils ausgelöst durch eine Exilerfahrung der Protagonistinnen – jedoch zwei inhaltlich stark voneinander abweichende, neue Heimatkonzepte. Darüber hinaus soll der 1966 veröffentlichte Essay *Wieviel Heimat braucht der Mensch* von Jean Améry in die Reflexionen mit einbezogen

1 Ernst Bloch: Das Prinzip Hoffnung. In: Ders.: *Werkausgabe*, Bd. 5: Das Prinzip Hoffnung. Frankfurt am Main: Suhrkamp 1985, S. 1628.

werden, da er in einigen Aspekten produktive Ergänzungen zu den einzelnen Heimatkonzepten bei Aloni und Domin bietet.

## II. Heimat in *Zypressen zerbrechen nicht*

*Zypressen zerbrechen nicht*, in den 1950ern entstanden und 1961 veröffentlicht, ist Jenny Alonis erster Roman. Er erzählt einen Ausschnitt aus der Lebensgeschichte der jüdischen Protagonistin Helga/Hagar, die 1939 während des Holocausts Deutschland verlässt, um nach Palästina zu emigrieren. Dort angekommen ist sie mit verschiedenen Problemen konfrontiert, die sich aus der Exil-Situation ergeben: beispielsweise der Sprachproblematik, dem Heimatverlust und den aus dem Zurücklassen der Familie resultierenden Schuldgefühlen. Innerhalb dieses Essays soll nun besonders der Umgang mit dem Heimatverlust und diesbezüglich die Entwicklung hin zu einem neuen Heimatkonzept dargestellt werden.

Mit meiner Lektüre des Romans folge ich nicht einem Teil literaturwissenschaftlicher Forschung, der ihn als ‚prototypischen Akkulturationsroman' diskutiert. Bei Sabina Becker heißt es diesbezüglich:

> Finden sich innerhalb der im Zeitraum von 1933 bis 1945 entstandenen Exilliteratur kaum Beschreibungen gelungener Integrationsprozesse, so kann hingegen von einem engen Zusammenhang zwischen dem vorgestellten Autorinnentypus [Anm.: Aloni und Ilse Losa] und dem Prozeß bzw. dem literarischen Themenkomplex der Akkulturation ausgegangen werden.[2]

Im Gegensatz zu einer solchen Position möchte ich auf unterschiedliche, im Verlauf der Romanhandlung auftretende Heimatkonzepte eingehen, die als eigenständig und nicht als Etappen eines Akkulturationsprozesses betrachtet werden können. Geht das Konzept der Akkulturation von einem Prozess aus, der mit der erfolgreichen Aneignung des vormals Fremden und damit einhergehend mit der Aufgabe des zuvor Eigenen abgeschlossen wird,[3] so handelt es sich bei den einzelnen Heimatkonzepten in *Zypressen zerbrechen nicht*, wie noch zu zeigen ist, um temporär begrenzte Konzepte, die nicht

2 Sabina Becker: Zwischen Akkulturation und Enkulturation. Anmerkungen zu einem vernachlässigten Autorinnentypus: Jenny Aloni und Ilse Losa. In: Claus-Dieter Krohn (Hrsg.): *Kulturtransfer im Exil.* München: edition text + kritik 1995, S. 114–136, hier S. 118.

3 Jochen Engelhorn: Die neue Heimat als überwundene Fremde? Literarische Akkulturation in Jenny Alonis Roman Zypressen zerbrechen nicht. In: Sabina Becker / Robert Krause (Hrsg.): *Exil ohne Rückkehr. Literatur als Medium der Akkulturation nach 1933.* München: edition text + kritik 2010, S. 201–221, hier S. 205.

ausschließlich auf ein globales Ziel wie das der Aneignung des Fremden ausgerichtet sind, sondern aufeinander aufbauend funktionieren, ohne sich dabei gegenseitig zu negieren. Das Eigene bleibt in diesem Zusammenhang folglich bestehen und wird durch unterschiedliche Konzepte regelmäßig erweitert, ohne dabei vollständig fremd zu werden.

Das erste zu nennende Heimatkonzept in *Zypressen zerbrechen nicht* bezieht sich geographisch auf Deutschland, das Land, das Helga zurücklassen muss, um nach Palästina zu emigrieren. Dieses Heimatkonzept und die Auseinandersetzung damit ist durch Pogrom, Verfolgung und die aus der Emigration resultierende Schuldproblematik deutlich belastet. So heißt es im Roman:

> Ich kann zwar wirklich nicht mehr fort von hier, denn ich wüßte nicht, wohin? Aber das bedeutet noch nicht, daß die Diskussion in mir und mit mir beendet ist. Hatte ich ein Recht hierher zu kommen? Hatte ich überhaupt ein Recht, von dort fortzugehen? Zu fliehen und mich zu retten, wo so viele zurückbleiben mussten?[4]

Dennoch handelt es sich bei diesem Heimatkonzept um ein Konzept, das trotz der Verknüpfung mit negativen Assoziationen nicht abgeschlossen werden kann und in der Erinnerung fortbesteht. Im Roman heißt es diesbezüglich:

> Es war das Land ihres Gestern und die Erinnerung schmerzte, denn im Land von gestern jenseits des Meeres lagen nicht nur sanfte Berge und stille Täler. Es gab in ihnen Haß und unbändiges, ja lustvolles Morden. Mit allen Kräften ihrer Seele suchte sie die Erinnerung auszumerzen, um ihrem Schmerz zu entgehen. Aber es gelang ihr nicht. Ein böser Zauberer hockte in ihrem Nacken und zwang sie, die verlassene und für immer verlorene Welt als ihr Gefängnis mit sich herumzuschleppen. Und immer wieder erlebte sie, daß die lebendigen Gestalten der Gegenwart ihre Kontur verloren und die Gespenster von drüben und gestern sich ihr aufzwangen.[5]

Das zweite Heimatkonzept bezieht sich auf Palästina – ein Land, das im Rahmen der deutschen Exilforschung immer wieder als „Sonderfall" bezeichnet wurde. So heißt es beispielsweise bei Ludger Heid: „Palästina war das einzige Zufluchtsland, in dem man nicht von Emigration, sondern nur von Immigration sprach und diese mit dem Wort ‚Aufstieg' – Alija – bezeichnete"[6]. Dass diese Vorstellung

4 Jenny Aloni: *Zypressen zerbrechen nicht.* Paderborn: Schöningh 1990, S. 62.

5 Aloni: *Zypressen zerbrechen nicht*, S. 20.

6 Ludger Heid: Palästina/Israel. In: *Handbuch der deutschsprachigen Emigration 1933–1945*, hrsg. v. Claus-Dieter Krohn / Patrik von zur Mühlen / Gerhard Paul / Lutz

stark idealisiert ist, wird auch in *Zypressen zerbrechen nicht* deutlich. So heißt es in dem Roman: „Sie fahren in ein Land, in dem auch Erez Jisrael ist. Ob sie aber heimkommen nach Erez Jisrael, dem Land unserer Väter, weiß ich nicht“[7]. Der Versuch einer religiös verstandenen Heimkehr und damit eines Beheimaten in der Religion scheitert für die Protagonistin. Ändert sie bereits bei der Überfahrt mit dem Schiff nach Palästina auf Anraten ihres späteren Partners Assaf ihren Namen von Helga in das hebräische Hagar, ist sie sich jedoch selber sehr deutlich der Tatsache bewusst, dass eine Namensänderung keine Änderung der Identität beinhaltet. In dem Roman heißt es dazu: „Also, Hagar, Helga ist tot. Es lebe Hagar, rief er so laut, daß sich aus den Liegestühlen mißbilligende Hälse nach ihnen reckten. Aber er irrte sich, sie wußte es, Helga war nicht tot. Ein geborgtes Kleid ändert den Menschen noch nicht.“[8] Vor diesem Hintergrund spiegelt der biblische Name Hagar, der mit „die Fremde“ übersetzt werden kann, das Gefühl der Protagonistin: Nicht heimzukehren, sondern fremd zu bleiben.

Im Anschluss an diese beiden, durch äußere Umstände bestimmten Heimatkonzepte lassen sich weitere Heimatkonzepte herausarbeiten, die aufeinander aufbauen und dadurch stetig modifiziert werden, dennoch als jeweils eigenständig betrachtet werden können. Diese Heimatkonzepte entstehen nicht mehr maßgeblich aufgrund von äußeren Gegebenheiten, sondern lassen Hagar selbst aktiv werden.

Innerhalb des Romans zeigt sich dies durch die zunehmende Eigeninitiative Hagars. Wird der Name Hagar zunächst noch von einer anderen Person für sie ausgewählt, entscheidet sie sich eigenständig dafür, als Sozialarbeiterin an der Organisation von Alphabetisierungskursen für Kinder teilzunehmen. Diese Eigeninitiative wird im weiteren Verlauf durch die Entscheidung, an einer Lehrerfortbildung teilzunehmen, verstärkt und mündet in der den Roman beschließenden Entscheidung, in den Militärdienst einzutreten. Diese Entscheidung wird häufig als erfolgreicher Abschluss eines Akkulturationsprozesses interpretiert. Bei Jochen Engelhorn heißt es dazu: „Die endgültige Akkulturation Hagars beruht somit auf der Entscheidung, sich aktiv zugunsten ihres *neuen* Heimatlandes gegen

Winckler. Darmstadt: Primus 1998, S. 349–358, hier S. 349.

7 Aloni: *Zypressen zerbrechen nicht*, S. 16–17.

8 Ebd., S. 11.

ihr *altes* einzusetzen".[9] Man kann die Entscheidung, in den Militärdienst einzutreten, jedoch auch als Etappe eines Prozesses deuten, an dessen Ende eben keine Akkulturation, sondern die Konstruktion neuer Heimatkonzepte sowie einer neuen Identität steht, die nach der Unmöglichkeit eines Lebens innerhalb der ersten, als ursprünglich angenommenen Heimat notwendig geworden ist. Hierbei handelt es sich um jeweils individuell gewählte Heimaten, die sich an die vorangegangene Heimat anschließen. Im Roman heißt es: „Nein [...] kein Kapitel ist je zu Ende. Es beginnen nur immer neue. Nichts, was wir je erfahren geht verloren"[10]. Durch diesen Umstand wird deutlich, dass es sich bei den Heimaten um solche handelt, die nicht notwendigerweise an geographische Orte oder konkrete Personen gebunden sind. An dieser Stelle ist das von Benedict Anderson geprägte Konzept der *Imagined Communities* zu nennen, welches davon ausgeht, dass Gemeinschaften (Anderson bezieht sich auf Nationen) immer nur vorgestellte Konstrukte sein können, da ihre Mitglieder, unabhängig von der Größe der Gemeinschaft, nie vollständig voneinander wissen oder sich gar kennen können. So kann eine solche, zweite Form von Heimat beispielsweise maßgeblich über gemeinschaftsstiftende Parameter wie Sprache oder Religion definiert werden.[11] Dadurch, dass die aufeinanderfolgenden Heimaten jeweils aus Entscheidungen Hagars hervorgehen, wird zudem deutlich, dass sie nicht gegeben, sondern vielmehr konstruiert sind.

Die Stabilität und Konstanz dieser Heimatkonzepte steigt in diesem Zusammenhang proportional zu dem Grad der Selbstbestimmtheit der betroffenen Person. Die Heimatkonzepte sind damit einerseits von der betroffenen Person selbst gewählt, wirken jedoch gleichzeitig auch identitätsstiftend auf die betroffene Person ein. Sie sind zudem immer notwendigerweise auch von den äußeren Umständen beeinflusst, unter denen sie entstehen. Metaphorisch hierfür kann das Bild der Zypresse stehen, wie es im Roman dargestellt wird:

> Ihre Zypresse, die über ihr Dach hinausragte, stöhnte und bog sich. Noch ein wenig und sie würde zerbrechen, fürchtete Hagar. Aber sie schnellte zurück, schlank und gerade wie immer. Dann torkelte sie und krümmte sich wieder, so tief, daß sie aus Hagars Blickfeld verschwand. Jetzt wird sie brechen, und

9 Engelhorn: Die neue Heimat, S. 219.

10 Aloni: *Zypressen zerbrechen nicht*, S. 159.

11 Benedict Anderson: *Imagined Communities. Reflections on the Origins and Spread of Nationalism.* Revised edition. London: Verso 2006, S. 6–7.

> ich werde sie nie mehr wiedersehen, dachte Hagar. Nur wenn ich die Treppe hinuntersteige, werde ich ihren zersplitterten Stumpf finden mit der Wunde des rohen Holzes. Sie war meine Freundin. Auch Bäume können Freunde sein. Aber der geschmeidige Stamm in der immergrünen Hülle seiner kurzen, aufstrebenden und sich eng ihm anschließenden Zweige stieg unversehrt empor. Er schwankte und beugte sich erneut. Immer wieder gab die Zypresse dem Anprall des Sturmes nach. Immer wieder fügte sie sich seinem Wüten und ließ sich von ihm biegen. Aber sie zerbrach nicht.[12]

Es zeichnet sich in *Zypressen zerbrechen nicht* zudem ein mit der Heimat verbundenes Personenkonzept ab, das zu den Reflexionen Amérys in Beziehung gesetzt werden kann. Der durch die Vertreibung aus dem ‚natürlichen' Heimatland ausgelöste Verlust der Möglichkeit einer Identifikation mit einer Gemeinschaft führt dazu, dass der Begriff Heimat weniger eine kollektive denn eine sehr intime Erfahrung bezeichnet.[13] So ist auffällig, dass die Bewegung der Protagonistin hin zu neuen Heimatkonzepten mit der Loslösung von Menschen in ihrer Vergangenheit sowie ihrem jeweils gegenwärtigen Umfeld einhergeht.

Nachdem nun unterschiedliche Heimatkonzepte in *Zypressen zerbrechen nicht* dargestellt wurden, sollen im nächsten Abschnitt Heimatkonzepte in *Das zweite Paradies* betrachtet und mit den in *Zypressen zerbrechen nicht* auftretenden Heimatkonzepten in Verbindung gebracht werden.

## III. Heimat in *Das zweite Paradies*

Bei *Das zweite Paradies* von Hilde Domin handelt es sich um einen 1986 publizierten Roman in Segmenten, der die Exilerfahrung sowie die Rückkehr in das Heimatland anhand einer Liebesgeschichte erzählt. Innerhalb des Romans stehen sowohl der Ehemann der namenlosen Protagonistin als auch deren Geliebter repräsentativ für unterschiedliche Heimatkonzepte, die mit den Begriffen „erstes" und „zweites Paradies" bezeichnet werden. Auf diese unterschiedlichen Heimatkonzepte soll im Folgenden genauer eingegangen werden.

Das „erste Paradies" wird mit Begriffen wie Ursprünglichkeit, Selbstverständlichkeit sowie Sicherheit verknüpft. So heißt es:

12 Aloni: *Zypressen zerbrechen nicht*, S. 150.

13 Vgl. Jean Améry: Wieviel Heimat braucht der Mensch? In: Ders.: *Werke*, hrsg. v. Gerhard Scheit. Bd. 2: Jenseits von Schuld und Sühne. Stuttgart: Klett-Cotta 2002, S. 90.

> Das eben ist das Merkmal des ersten Paradieses, daß man darin natürlich zuhause ist. In seiner Einmaligkeit. Ohne Furcht, ohne Beschämung, beides noch unbekannt, ohne Notwendigkeit zu Verstellung, zu Kleidern, zu Masken. Arglos. […] Sie dachten nicht, daß sie in Sicherheit waren. Sie waren in Sicherheit.[14]

Diese hier angesprochene Sicherheit nimmt auch bei Jean Améry eine zentrale Position ein. So schreibt Améry: „Heimat ist Sicherheit, sage ich. In der Heimat beherrschen wir souverän die Dialektik von Kennen-Erkennen, von Trauen-Vertrauen […] Hat man aber keine Heimat, verfällt man der Ordnungslosigkeit, Verstörung, Zerfahrenheit."[15]

Dieses Bild der ersten Heimat ist fast identisch mit dem Konzept der als ursprünglich angesehenen Heimat bei Jenny Aloni. Im Anschluss daran ist in Domins Roman jedoch ein Heimatkonzept zu erkennen, das deutlich von den weiteren Heimatkonzepten Alonis abweicht. Zunächst ist festzustellen, dass es nach dem Verlust der ersten Heimat nur ein weiteres Heimatkonzept und nicht eine Vielzahl weiterer Heimatkonzepte gibt. Dieses Heimatkonzept ist, ähnlich wie bei Aloni, nicht mehr als natürlich gegeben angenommen, sondern bewusst gewählt. Im Gegensatz zu den weiteren Heimatkonzepten bei Aloni wird das zweite Heimatkonzept bei Domin jedoch nicht als vollkommen eigenständig betrachtet, sondern immer an der ersten, ursprünglichen Heimat gemessen. Im Verhältnis zu diesem idealisierten Entwurf der ersten Heimat, kann das zweite Heimatkonzept immer nur als mangelhaft erscheinen, als eine unvollkommene Kopie des ersten. Hierzu heißt es im Roman:

> Das Zuhause hat einem nicht wehzutun wie ein Hexenschuß oder ein hohler Zahn. Das Zuhause ist da, und man fühlt es nicht. Wenn man es erst fühlt und betastet, wenn man es erst in die Hand nimmt wie eine zerbrechliche Kostbarkeit, die gleich hinfallen kann – die auch vielleicht schon einmal geleimt wurde –, ist es mit dem Zuhause vorbei. Es ist etwas, das man abgenommen bekommt. Wenn man Glück hat, bekommt man es wieder, aber es ist zuviel Erstaunen dabei. Man freut sich zuviel, als daß es ganz wirklich wäre.[16]

An dieser Stelle wird deutlich, dass das zweite Heimatkonzept ebenso wie die weiteren Heimatkonzepte bei Aloni als ein konstruiertes, da selbst gewähltes und eigenständig aufgebautes Heimatkonzept zu betrachten sind. Darüber hinaus ist ebenfalls zu betonen, dass es

14 Hilde Domin: *Das zweite Paradies*. Frankfurt am Main: Fischer 2006, S. 101.

15 Améry: Wieviel Heimat braucht der Mensch, S. 95–96.

16 Domin: *Das zweite Paradies*, S. 39–40.

notwendig ist, ein zweites Heimatkonzept zu erschaffen, auch wenn dieses immer unvollkommen sein wird. Im Roman heißt es hierzu: „Solange das Bild nicht hergestellt ist, das des Geliebten, das der Heimat, nützt alles Wiederaufgenommensein nichts. Nur eines bleibt unbehaglich, auch nach der Erneuerung des Bildes: Man weiß jetzt, wie der andere von außen aussah, von der Fremde her.“[17] Diesen Aufwand, der mit der Konstruktion eines neuen, unvollkommen bleibenden Heimatkonzepts verbunden ist, macht auch Améry deutlich. In seinem Essay heißt es:

> Einwenden lässt sich allenfalls, daß das Exil vielleicht keine unheilbare Krankheit ist, da man die Fremde durch ein langes Leben in ihr und mit ihr zur Heimat machen kann; man nennt das: eine neue Heimat finden. [...] Es wird aber gleichwohl auch in diesem günstigen Fall für den Exilierten, der schon als erwachsener Mensch ins neue Land kam, der Durchblick durch die Zeichen nicht spontan sein, vielmehr ein intellektueller, mit einem gewissen geistigen Müheaufwand verbundener Akt [...].[18]

Bei Domin ist das zweite Heimatkonzept zudem – im Gegensatz zu den sehr individuell motivierten Entwürfen bei Aloni – an den Anschluss an eine Gemeinschaft (im konkreten Fall des Romans an die Männer im Leben der Protagonistin, die jeweils eine Gemeinschaft repräsentieren) gebunden. So heißt es im Roman:

> So waren sie dann ins zweite Paradies gekommen. Und waren fortgefahren aus dem fremden Land, zurück in das Land ihrer Geburt. Mutterland? Die Mütter waren tot. Vaterland? Die Väter waren tot. Niemand wartete zuhause. Wieso zuhause? Auch die Toten waren nirgends. Das Zuhause ist, wo niemand wartet. Die Fremde ist, wo niemand wartet. Das Zuhause sind wir. Die Fremde sind wir.[19]

## IV. Abschließende Betrachtung

Zusammenfassend lässt sich feststellen, dass sowohl bei Aloni als auch bei Domin mehrere Formen konstruierter Heimaten lesbar sind. Dem ersten Heimatkonzept, das sich in beiden Romanen findet, liegt das Bild einer als ursprünglich angenommenen Heimat zugrunde. Domin spricht hier von einer „vorgeburtlichen Legitimierung“[20], die nicht hinterfragt werden muss und ohne persönlichen Einsatz, also

17 Ebd., S. 83.

18 Améry: Wieviel Heimat braucht der Mensch, S. 96–97.

19 Domin: *Das zweite Paradies*, S. 123.

20 Ebd., S. 76.

passiv, an- bzw. hingenommen wird. Dass es sich hierbei jedoch auch um Konstruiertes und nicht, um ein natürliches Heimatkonzept handelt, wird durch den Verlust der scheinbaren Ursprünglichkeit und Selbstverständlichkeit und die nachträgliche Idealisierung des Heimatkonzeptes deutlich.
Der durch das Exil ausgelöste Verlust dieser ersten, als natürlich angenommenen Heimat führt im Folgenden zu der Notwendigkeit, einen Nachfolger für eben dieses Heimatkonzept zu finden. In beiden Fällen ist jedoch auch der Fortbestand der als natürlich angenommenen Heimat in Form der Erinnerung ein großer Bestandteil des neuen Konzeptes, der sowohl positive Aspekte, in Form der individuellen Verankerung, als auch negative Aspekte, in Form einer aus dem Exil resultierenden Schuldproblematik, beinhaltet. Im Anschluss daran ergibt sich bei Aloni die Chance, neue, selbst gewählte Heimaten zu erschaffen, die keinen geringeren Stellenwert als die erste Heimat besitzen. Im Gegensatz dazu erscheint die zweite Heimat, wie Domins Roman sie entwirft, als ein immer wieder scheiternder Versuch, die erste, unwiederbringlich verlorene Heimat wiederherzustellen Doch auch wenn diese erste Heimat nicht reproduzierbar ist, besteht die Notwendigkeit, an ihrer Statt eine neue Heimat zu konstruieren. Darüber hinaus lässt sich feststellen, dass alle weiteren Heimatkonzepte auf die Zukunft ausgerichtet sind, auch wenn das in Domins Roman entworfene Heimatkonzept von der Vergangenheit beeinflusst bleibt.
Für weitere Untersuchungen erscheinen besonders zwei Aspekte der thematisierten Heimatkonzepte als produktiv. Der erste Aspekt könnte sich der Frage widmen, in welcher Beziehung Heimat und personale bzw. kollektive Identität in den Romanen auftauchen. Handelt es sich bei den zweiten Heimatkonzepten in Alonis Roman um eher individuelle, nur eine Person umfassende Konzepte, so ist das in Domins Roman auftretende zweite Heimatkonzept im Gegensatz dazu an eine Gemeinschaft und somit mindestens an eine weitere Person gebunden, die dieses Konzept teilt. Im Vergleich mit weiteren Heimatkonzepten könnte so untersucht werden, in welcher Weise Heimat in Beziehung zu Person und Gemeinschaft gesetzt wird.
Ein weiterer Aspekt, der vor diesem Hintergrund untersucht werden könnte, ist der Aspekt der Zeit. Schon bei den hier thematisierten Heimatkonzepten ist auffällig, dass die in Alonis Roman entstehenden

Heimatkonzepte jeweils nur eine kurze Zeitspanne umfassen, während man in Domins Roman ein Heimatkonzept findet, das dauerhaft angelegt ist. Auf diesem Wege könnte über einen Vergleich mit weiteren Heimatkonzepten, die Funktion der jeweiligen Heimatkonzepte unter Berücksichtigung der ihnen zugrunde liegenden Zeitspannen weiterführend untersucht werden. Eine solche weiterführende Untersuchung dieser beiden Aspekte – Person und Zeit – würde helfen, den vagen Begriff Heimat weiter einzuschränken.

# II.
# Exil und Judentum

# Jüdische Exiltraditionen in der Lyrik von Nelly Sachs

Sonja Dickow

## I. Flucht als ‚Nullpunkt' der Dichtung

Die Lyrik von Nelly Sachs (10. Dezember 1891 – 12. Mai 1970) ist vor allem in der Frühphase ihrer Rezeption in Deutschland als eine Lyrik der Versöhnung zwischen Deutschen und Juden aufgefasst und auf diesen Aspekt hin reduziert worden. Dieser Beitrag möchte aufzeigen, wie sich die Exillyrik von Sachs in ihrer Thematik und Motivik gerade durch die Verweigerung von Heilung und die Unmöglichkeit einer (symbolischen) Rückkehr in die Heimat auszeichnet.

Sachs floh 1940 mit ihrer Mutter aus Berlin ins schwedische Exil. Diese Flucht stellte eine Zäsur in ihrem lyrischen Schaffen dar: Alles, was noch in der Berliner Zeit vor diesem ‚Nullpunkt' geschrieben wurde, sich sowohl durch christliche als auch romantische Motivik auszeichnete und von der Identifikation einer assimilierten jüdischen Familie mit bürgerlicher, deutscher Kultur zeugte, zählte Sachs fortan nicht mehr zu ihrem Werk. Ihre Erfahrungen im nationalsozialistischen Berlin und die Vertreibung aus Deutschland führten zu einem Bruch mit dieser teilweise sehr naiven Ausdrucksweise. Das Gedicht *In der Flucht*[1] aus dem Zyklus *Flucht und Verwandlung* (1959) ist ein Beispiel für die Problematisierung des Heimischwerdens im Exil, noch 19 Jahre nach der Flucht:

> In der Flucht
> welch großer Empfang
> unterwegs – (FS, S. 262)

Diese erste Strophe setzt die Flucht als fortwährenden Zustand der Suche und der Reise ein, die zu keinem Abschluss kommen kann. „An Stelle von Heimat", so heißt es in der letzten Strophe des Gedichts, „halte ich die Verwandlungen der Welt –" (FS, S. 262).

In ihrem ersten Exilzyklus *In den Wohnungen des Todes* (1947) nimmt Sachs zudem explizit Bezug auf die Shoah und widmet diese Gedichte

1 Nelly Sachs: *Fahrt ins Staublose. Gedichte.* Frankfurt am Main: Suhrkamp 1988, S. 262. Im Folgenden werden die Gedichtzitate im Fließtext durch das Kürzel FS und die zugehörige Seitenzahl belegt.

ihren „toten Brüdern und Schwestern“ (FS, S. 6). In konkreten Bildern, wie etwa Schornsteinen und Rauch, wird auf die Vernichtung der Juden in den Konzentrationslagern Bezug genommen. Insbesondere die Lektüre der frühen Gedichte kann nicht auf Konzepte wie Versöhnung oder Vergebung schließen lassen, vielmehr werden das Trauma der konkreten historischen Erfahrung von Vertreibung und das Wissen über die Shoah als nicht überwindbare und stets präsente Momente von Schmerz und Verlust lesbar.
Die Thematisierung der Shoah erfährt dabei in den verschiedenen Phasen von Sachs' lyrischem Werk eine Transformation: Beginnend mit explizitem Opferdiskurs und Darstellung individuellen Leids in den Zyklen *Gebete für den toten Bräutigam* sowie *Grabschriften in die Luft geschrieben* (beide 1947) über vermehrt spirituell-mystische Kontexte hin zu kosmischen Dimensionen der späten Gedichte, so etwa in den Gedichtsammlungen *Flucht und Verwandlung* und *Fahrt ins Staublose* (1961). Die zunehmend enigmatischen Gedichte lösen Eindeutigkeiten und Sinnstrukturen auf.

## II. Die Bedeutung der jüdischen Mystik

Diese Entwicklung geht mit dem sich verändernden Referenzrahmen einher, den die jüdische Mystik für die Lyrik von Sachs darstellt: Mit der neuen Zeitrechnung beginnt im schwedischen Exil auch die erste intensive Auseinandersetzung von Sachs mit ihrem jüdischen Glauben. Im Laufe der 1950er Jahre bilden, angeregt durch die Lektüre Martin Bubers und Gershom Scholems, die jüdische Frömmigkeitsbewegung des Chassidismus und die Mystik der Kabbala zentrale intertextuelle Bezugspunkte der Gedichte. Als Alternative zu dem synagogalen Judentum zeichnet sich die Mystik durch die Betonung der unmittelbaren, individuellen Gotterfahrung aus, die jedoch zugleich durch die Vorstellung von Unvollkommenheit und Getrenntsein gekennzeichnet ist und somit eine Spannung zwischen Sehnsucht und Erfüllung erzeugt.
Von Bedeutung ist in diesem Spannungsverhältnis die historische Situation der jüdischen Diaspora, die die Zerstreuung und das Getrenntsein von Zion als dem symbolischen Ort der Sehnsucht und Erfüllung paradigmatisch darstellt. Bereits die spanische Kabbala geht laut Buber auf die Erfahrung von Flucht und Vertreibung zurück: Die jüdische Mystik verstehe sich als Überlieferung, in der

das „Wandern und das Martyrium der Juden“ zu jener Verzweiflung in den Seelen der Menschen geführt habe, die schließlich den „Blitz der Ekstase“, die spirituelle Begegnung mit Gott ermöglichten.[2] Auch der Chassidismus, gegründet durch den ‚Meister des guten Namens‘, den Baal Schem Tov genannten Israel ben Elieser (1700–1760), ging aus der Diaspora im Polen des 18. Jahrhundert hervor. Sachs löst sich in ihrer poetischen Adaption mystischer Konzeptionen jedoch weitgehend von diesen historischen Koordinaten.

> Du hast der Erdenzeiten Stille
> Gesammelt in den Steinen.
> Wieviel Morgenröten im Berylle
> Wieviel Fernen im Kristalle scheinen
> [...]
> Du, aus Menschennächten losgebrochen
> Sprichst die Lichtersprache aus den Rissen –
> Die man spricht, wenn das Gehäus durchstochen
> Und von der wir nur die Funken wissen. (FS, S. 44)

Das Gedicht *Der Steinsammler* adaptiert mit den Funken der durchstochenen Gehäuse und der Lichtersprache aus den Rissen die *Shvirat ha-Kelim*, die mystische Vorstellung von dem *Bruch der Gefäße* und der *Zerstreuung der göttlichen Funken*. Die von Isaac Luria geprägte Kabbala besagt, dass der Weltschöpfung die göttliche Allmacht *Ein Sof* vorausgehe. Diese ströme in den Urraum, der durch *Tsimtsum*, die Kontraktion der göttlichen Manifestation, entstanden sei, und bilde durch einen Lichtstrahl den Urmenschen *Adam Ḳadmon*. Aus ihm verteilten sich die Lichter der göttlichen Emanationen, *Sfirot* genannt. Gefäße im Urraum sollten die Lichter bewahren. Jedoch konnten nicht alle *Sfirot* aufgenommen werden, die Lichtstrahlen seien für einige Lichtgefäße zu mächtig gewesen und hätten diese zum Zerbrechen gebracht.[3] Ähnlich dem Steinsammler, der die göttlichen Funken zur Restitution des Bruches einsammelt, erhebt sich „Daniel mit der Sternenzeichnung / [...] aus den Steinen / in Israel“ (FS, S. 205), um „die vergessenen Träume noch / hinter dem letzten Steinkohlenabhang“ (FS, S. 205) hervorzuholen. Er ist der „hohen Engel Scherbeneinsammler“, der „Aufbewahrer des Abgerissenen“ (FS, S. 205).

2 Martin Buber: Die jüdische Mystik. In: Ders.: *Werke*, Bd. 3: Schriften zum Chassidismus. Heidelberg: Lambert Schneider 1963, S. 9–18, hier S. 11.

3 Vgl. Gershom Scholem: *Die jüdische Mystik in ihren Hauptströmungen*. Frankfurt am Main: Suhrkamp 1957, S. 291–292.

Sachs' Gedichte rufen mystische Vorstellungen von Exil und Diaspora auf, die sich von konkreten historischen oder zeitgenössischen politischen Diskursen über Diaspora loslösen. So bleibt Palästina bzw. Eretz Israel als nationalstaatliche Erfüllung der Sehnsucht nach Zion in den Gedichten von Sachs ein abstrakter, biblisch-mystischer Ort. Die Vorstellung von Zerstreuung wird als Ausdrucksweise individuellen und kollektiven Schmerzes weder im Sinne einer religiösen, orthodoxen noch einer zionistischen Perspektive eingesetzt.

## III. Das Bild der Wunde

Shoah und Exil werden, so die Lesart dieses Beitrags, in dem poetischen Bild der Wunde bearbeitet, wie es in einem Brief von Sachs an Hugo Bergmann aus dem Jahr 1947 gebraucht wird:

> Alle menschlichen Einrichtungen, auch die religiösen, haben sich so leer gelaufen, wir können doch nur noch erleben, erleiden, im Dunkeln nehmen und weitergeben. Es reicht ja doch kein Wort zu nichts mehr hin, von gestern zu morgen ist eine Kluft wie eine Wunde, die noch nicht heilen darf.[4]

Das kabbalistische Konzept von dem Bruch der Gefäße erlaubt es, diese Wunde als Ursprung der Schöpfung zu begreifen. An diese Vorstellung von dem Bruch der Gefäße schließt sich die Vorstellung „von der Heilung oder Restitution des durch den Bruch geschaffenen Makels“[5] an, der mit *Tiḳḳun* bezeichnet wird. Im kabbalistischen Denken ist der *Bruch der Gefäße* bedeutsam, um zu beschreiben, wie den Prozessen des Weltverlaufs, wie allen irdischen Dingen, ein Bruch als Ursprung immanent ist. Bis sich der *Tiḳḳun* realisieren kann, ist alle Existenz auf der Welt in ihrem Kern mangelhaft. Die Ermangelung einer Einheit wird durch die Zerstreuung, die Diaspora, ausgedrückt.

Das Exil erscheint in dem Gedicht *Gekrümmte Linie des Leidens* als schmerzhafte Erfahrung der Entortung:

> Die gekrümmte Linie des Leidens
> nachtastend die göttlich entzündete Geometrie
> des Weltalls
> immer auf der Leuchtspur zu dir
> und verdunkelt wieder in der Fallsucht

4 Nelly Sachs: Brief an Hugo Bergmann, 21.11.1947. In: Ruth Dinesen / Helmut Müssener (Hrsg.): *Briefe der Nelly Sachs*. Frankfurt am Main: Suhrkamp 1984, S. 85–86, hier S. 85.

5 Scholem: *Die jüdische Mystik*, S. 291.

dieser Ungeduld ans Ende zu kommen –
Und hier in den vier Wänden nichts
als die malende Hand der Zeit
der Ewigkeit Embryo
mit dem Urlicht über dem Haupte
und das Herz der gefesselte Flüchtling
springend aus seiner Berufung: Wunde zu sein – (FS, S. 383)

Obgleich die „göttlich entzündete Geometrie / des Weltalls" und die „Leuchtspur" auf eine abstrakte, positiv konnotierte, göttliche Instanz verweisen, ist dieser Bewegung in den unbegrenzten Raum zugleich der Fall und das Ende eingeschrieben. Die Kategorie des Raumes, die „vier Wände[]", überlagert sich mit jener der Zeit, „der Ewigkeit Embryo", die sich jedoch nicht mehr mit Anfang oder Ende denken lässt und nur durch die Eigenschaft des Schmerzes, der „Wunde" gemessen werden kann. Dieses späte Gedicht unterscheidet sich zwar wesentlich von jenen frühen mit explizitem Bezug auf die Shoah. Der Grad der Abstraktheit und Bilder wie Geometrie, Leuchtspur oder Urlicht lassen sich jedoch als Versuch lesen, die fortwährende Orientierungs- und Haltlosigkeit als Folgen der Traumatisierung, mit der Sachs – es finden sich dafür zahlreiche biografische Anhaltspunkte – bis an ihr Lebensende kämpfen musste, in größere, universale Sinnzusammenhänge zu überführen. Sachs' Gedichte thematisieren gerade durch den Rekurs auf mystische Konzepte und die Abkehr von irdischen Kategorien Brüche und Verletzbarkeit, die „Berufung: Wunde zu sein". Man kann sich nicht mehr auf eine intakte Ganzheit berufen: Die jüdische Mystik selbst „bewegt […] sich metaphorisch zwischen Exil und Erlösung, zwischen der Welt unter dem Bann und der Sehnsucht und Hoffnung auf eine ‚einst' erlöste Welt"[6]. Diese Mystik als Rahmen für die lyrische Auseinandersetzung und Verarbeitung von Verfolgung und Vernichtung einzusetzen, mag jedoch, gerade wenn es über den persönlichen Schmerz hinausreicht, problematisch anmuten, da die Shoah sich zwangsläufig jeglichem Konzept von Sinngebung und Ideen von Erlösung entzieht.

Als zentrales Motiv wird neben der Wunde die Sehnsucht erkennbar, die den schmerzvollen Bruch in der Sinngebung der Welt präsent hält, indem sie auf die Unmöglichkeit von Erfüllung und Heilung verweist. Dieser Bruch wird bereits in den Motiven der Zerstreuung reflektiert

6 Gisela Dischner: Die Lyrik von Nelly Sachs und ihr Bezug zur Bibel, zur Kabbala und zum Chassidismus. In: *Text + Kritik* 23 (1979), S. 25–40, hier S. 32.

und aufbewahrt – die jüdische Überlieferung gestaltet sich als eine um den Verlust kreisende: Sachs' Rekurs auf Konzepte der jüdischen Mystik schreibt die Problematik einer Vorstellung von Heilung fort. Beispielsweise in dem Gedicht *Im blauen Kristall* erscheint die Sehnsucht als eine Kraft, „die ihren Raum durchschmerzen muß –" (FS, S. 244). Im *Jakob*-Gedicht wird die „Wunde zwischen Nacht und Tag" zum „Wohnort" (FS, S. 90). Dies birgt jedoch auch die Gefahr, das konkrete Leid der Shoah, für das die Wunde ja auch prominent steht, aus dem historischen Kontext heraus in rein abstrakte, spirituelle Erklärungs- und Denkmodelle zu transformieren und dadurch in eine gewisse Beliebigkeit zu überführen.

## IV. Gott im Exil

Beide Konzepte, *Shvirat ha-Kelim* und *Tsimtsum*, beschreiben einen Zustand der Trennung und Exilierung, den Sachs in ihrer Lyrik bearbeitet. Scholem sieht im *Tsimtsum* die existenziellste Form der Verbannung begründet, da das Exil bereits Gott innewohnt, der aus seiner eigenen Allmacht ins Exil gekommen sei:

> So aufgefaßt, wäre die Idee des *Zimzum* das tiefste Symbol des Exils, das gedacht werden könnte, sogar noch tiefer als der „Bruch der Gefäße". Im Bruch der Gefäße […] ist etwas vom göttlichen Sein *aus* seinem Selbst verbannt, während der *Zimzum* als ein Exil *in* sein Selbst hinein anzusehen wäre.[7]

In Sachs' Lyrik wird das Exil implizit als allumfassendes virulent, da es mit und in Gott selbst seinen Ursprung findet. Die Vorstellung von der Zerstreuung der Funken bewirkt weniger die tröstende Erinnerung an eine göttliche Allmacht als die Vorstellung von dem Verlust der Ganzheit, der unwiderruflich bereits in allem Anfang enthalten ist. Die *Zerstreuung der göttlichen Funken* wird in einem weiteren kabbalistischen Konzept weitergeführt, jenem der *Shekhina*. Unter der *Shekhina* versteht die Kabbala die Einwohnung und Anwesenheit Gottes in der Welt, auch überliefert als das „passiv-weibliche Moment in der Gottheit"[8], eine weiblich konnotierte Dimension, die beispielsweise im Bild der Braut ausgedrückt wird: „[s]ie ist Gottes ‚Reich' im Unteren, seine Herrschaft in der Welt"[9].

7 Dischner: *Die Lyrik von Nelly Sachs*, S. 286–287.

8 Vgl. das gleichnamige Kapitel zur *Shekhina* in Gershom Scholem: *Von der mystischen Gestalt der Gottheit. Studien zu Grundbegriffen der Kabbala.* Frankfurt am Main: Suhrkamp 1977, S. 135–193.

9 Gershom Scholem: *Die Geheimnisse der Schöpfung. Ein Kapitel aus dem kabbalistischen*

Im Kontext des Exilthemas ist die *Shekhina* bedeutsam, da der in der Welt wohnende Gott auch ein an der Welt *leidender* Gott ist. Franz Rosenzweig, der sich in seinem Werk *Der Stern der Erlösung* mit diesem Konzept auseinandersetzt, definiert die *Shekhina* als

> eine Scheidung, die in Gott selbst vorgeht. Gott selbst scheidet sich von sich, er gibt sich weg an sein Volk, er leidet sein Leiden mit, er zieht mit ihm in das Elend der Fremde, er wandert mit seinen Wanderungen. [... Dies ist] der Gedanke der Irrfahrt der Schechina, des in die Welt Verstreutseins der Funken des göttlichen Urlichts [...].[10]

Der gläubige Mensch steht nun in der Verantwortung: Er muss Einung stiften zwischen, so formuliert es Buber, „dem Reich des Gedankens und dem Reich der Tat“[11], um somit die Ganzheit von Gott und seiner Schöpfung, der die *Shekhina* einwohnt, herbeizuführen.

> Immer hinter den Rändern der Welt
> die ausgesetzte Seele Genoveva wartet
> mit dem Kinde Schmerzensreich
> im Heimwehgestrahl.
> Auch Schechina kannst du sagen,
> die Staubgekrönte,
> die durch Israel Schluchzende
> Und die heilige Tierfrau
> mit den sehenden Wunden im Kopf,
> die heilen nicht
> aus Gotteserinnerung. (FS, S. 194)

Augenfällig in dem Gedicht *Immer hinter den Rändern der Welt* ist die von Sehnsucht und Heimweh erfüllte Existenz im Exil, eben „hinter den Rändern der Welt“. Die Beschreibung der *Shekhina* als die „Staubgekrönte“ und „durch Israel Schluchzende“ verweist mit der Staubmetaphorik, die eine Motivkonstante in Sachs’ Lyrik bildet, auf Verfolgung und Flucht. Mit der christlichen Legendenfigur der Genoveva wird zudem der intertextuelle Bezug erweitert und ähnlich den Gedichten aus der Zeit vor ihrem Exil verbindet Sachs jüdische und christliche Kontexte. Die unheilbaren „sehenden Wunden im Kopf“ der eine Einung mit Gott Ersehnenden, rekurrieren auf den *Zohar*, Schlüsseltext der spanischen Kabbala, der die *Shekhina* als „die schöne Jungfrau, die keine Augen hat“[12] beschreibt.

*Buche Sohar*. Frankfurt am Main: Insel 1971, S. 39.

10 Franz Rosenzweig: *Der Stern der Erlösung*. Heidelberg: Schneider 1954, S. 192–193.

11 Martin Buber: *Die Legende des Baalschem*. Berlin: Schocken 1932, S. 269–270.

12 Gerschom Scholem: *Zur Kabbala und ihrer Symbolik*. Zürich: Rhein 1960, S. 156.

Schmerz und Wunde sind immer wiederkehrende Bilder in den Exil-Gedichten von Sachs:

> So muß ich denn aufstehen
> und diesen Felsen durchschmerzen
> bis ich Staubgeworfene
> bräutlich Verschleierte
> den Seeleneingang fand
> wo das immer knospende Samenkorn
> die erste Wunde
> ins Geheimnis schlägt. (FS, S. 273)

Das „Geheimnis" ist als Bild für die im Verborgenen existierende Gottheit, das *Ein Sof*, zu verstehen.[13] Die *Shekhina* als göttliche Braut wird zudem in dem Gedicht *Tänzerin* thematisch entfaltet. Die Tänzerin ist es, die „bräutlich / aus Blindenraum [...] ferner Schöpfungstage / sprießende Sehnsucht" empfängt:

> Durch
> Nachtlava
> wie leise sich lösende
> Augenlider
> blinzelt der Schöpfungsvulkane
> Erstlingsschrei. [...] Wie eine Melkerin
> in der Dämmerung
> ziehen deine Fingerspitzen
> an den verborgenen Quellen
> des Lichtes
> bis du durchstochen von der
> Marter des Abends
> dem Mond deine Augen
> zur Nachtwache auslieferst. (FS, S. 263)

Auch in diesem Gedicht findet sich eine Anspielung auf die augenlose *Shekhina*, durch die sich leise lösenden „Augenlider". Das Motiv des Mondes ist im Kontext des *Shekhina*-Themas signifikant, da in der kabbalistischen Tradition das Exil im Bilde des abnehmenden Mondes figuriert wird. Die Gedichte schreiben sich von dieser Erfahrung einer existenziellen Flucht und des Exils her.

13 Vgl. Peter Michel: *Mystische und literarische Quellen in der Dichtung von Nelly Sachs.* Freiburg i. Br.: Lang & Hopf 1981, S. 100.

## V. Mystische Sprachkonzepte

Über die bereits erwähnten mystischen Referenzpunkte hinaus bearbeitet Sachs in ihren Exilgedichten mystische Konzepte, die den Konnex von Schöpfung und Sprache, vor allem die Kraft der Worte im Sinne der kabbalistischen Sprachauffassung zum Inhalt haben:

> Da schrieb der Schreiber des Sohar
> und öffnete der Worte Adernetz
> und führte Blut von den Gestirnen ein,
> die kreisten unsichtbar, und nur
> von Sehnsucht angezündet.
> Des Alphabetes Leiche hob sich aus dem Grab,
> Buchstabenengel, uraltes Kristall,
> mit Wassertropfen von der Schöpfung eingeschlossen,
> die sangen – und man sah durch sie
> Rubin und Hyazinth und Lapis schimmern,
> als Stein noch weich war
> und wie Blumen ausgesät.
> Und, schwarzer Tiger, brüllte auf
> die Nacht; und wälzte sich
> und blutete mit Funken
> die Wunde Tag.
> Das Licht war schon ein Mond der schwieg,
> nur eine Aura noch den Seelengott verriet. (FS, S. 209)

In dem Gedicht *Da schrieb der Schreiber des Sohar* geht Sachs explizit auf die Sprachvorstellung der Kabbala ein, die das Universum als nach dem Prinzip der Sprache konzipiert versteht. Der *Zohar* führt alle Schöpfung auf sprachliche Wurzeln zurück: Die *Sfirot*, welche die Summe der göttlichen Potenz bilden, werden als eine verborgene sprachliche Ursprungswelt imaginiert. Zugrunde liegt dieser Vorstellung ein Glaube an das ‚Wort als Kraft' selbst.

Der Anfang des *Sohar*-Gedichtes, bei dem der Schreiber „der Worte Adernetz" öffnete, verweist auf die Tradition der Kabbalisten, das Wort der Offenbarung als ein unendlich sinnerfülltes gewissermaßen deutend *öffnen* zu wollen. Der Vers „und führte Blut von den Gestirnen ein" verweist auf die kabbalistische Überlieferung, gemäß derer den Gestirnen Buchstaben zugeordnet werden. „Worte" und „Gestirne" werden nun durch „Adernetz" und „Blut" mit dem menschlichen Körper in Verbindung gebracht. Die „von Sehnsucht angezündet[en]" Gestirne verweisen auf das Exil der Schöpfung, das Erlösung und Einung mit der verborgenen Gottheit anstrebt. Es liegt an dem Schreiber, durch das Blutzuführen „des Alphabetes Leiche" wiederzubeleben und den Schöpfungsbeginn in seiner Sprache zu wiederholen. Die „Funken" rekurrieren auf das Exil der *Shekhina* und auf die Zerstreuung nach dem Bruch der Gefäße. Die im Verborgenen wirkende Gottheit wird in der letzten Strophe über ihre *Sfirot* assoziiert.

Die mystische Sprachtheorie begreift jedes Wort als Namen Gottes, die Buchstaben bilden selbst den Körper der Gottheit, da er nicht nur einen Namen besitzt, sondern sein Name *ist.* Die Entstehung der Welt ist die sich immer weiter ausbreitende Wirkungskraft des Gottesnamens.

Diese Kraft der Worte ist bei Sachs positiv konnotiert. Durch ihre Verknüpfung mit Sehnsucht und Verletzung, durch das prominente Bild der Wunde, wird jedoch verdeutlicht, dass es eine Versehrtheit gibt, die bereits allem Anfang innewohnt.

Die Referenz auf jüdische Exiltraditionen hält die Sehnsucht nach einer verlorenen Einheit und das ständige Bewusstsein eines Getrenntseins von Gott aufrecht. Das Changieren zwischen Trauer und Exil einerseits sowie Hoffnung auf Erlösung andererseits wird in Sachs' Gedichten verhandelt. Exil und Heimatlosigkeit spiegeln dabei das Exil und die Unerlöstheit der gesamten Schöpfung wider.

Angesichts des Traumas, das die Flucht aus Berlin und der Versuch eines Neuanfangs im Exil für Sachs darstellen musste, greifen ihre Gedichte auf jüdische Exiltraditionen zurück, in denen diasporische Motive eine zentrale Bedeutung besitzen. Sich zwischen den Polen Exil und Erlösung bewegend, lassen sie sich nicht eindeutig verorten. Die poetische Erinnerung an Schöpfungs- und Sprachursprung, die Einreihung in mystische Traditionen, artikuliert zwar den Wunsch, Brüche und Wunden zu heilen, es wird jedoch die Unmöglichkeit einer Erfüllung dieser Sehnsucht angesichts der Vernichtung jüdischen Lebens und jüdischer Kultur ausgestellt. Nach der Shoah, dies wird durch die Motive des *Bruchs der Gefäße*, der *Funken* und der *Shekhina* deutlich, kann es nicht mehr um das Erschreiben bzw. Erwirken von Erlösung gehen. Verlust als Ursprung und Flucht als ständige Bewegung ohne Ankommen verweisen, um erneut auf das eingangs zitierte Gedicht *In der Flucht* Bezug zu nehmen, auf das Konzept von der der Schöpfung innewohnenden *Shekhina* und der beständigen Verantwortung des Funkeneinsammelns, die keinen Abschluss findet, wie die „Füße im Gebet des Sandes / der niemals Amen sagen kann / denn er muß / von der Flosse in den Flügel / und weiter –“ (FS, S. 262). Die Flucht kann zu keinem Ziel gelangen, da sich alles Vorhandene auf die Idee des *Tsimtsum* und das damit einhergehende Exil zurückführen lässt: Somit kann kein Zustand der Erlösung mehr gedacht werden; es bleibt eine unerfüllbare Sehnsucht, da die Flucht selbst die einzige noch mögliche Daseinsform bildet.

# Transnationale Perspektiven bei Lion Feuchtwanger

## Zur *Josephus*-Trilogie: Judentum, Nationalismus und die Idee des Weltbürgertums

Sandra Narloch

Als sich, unter dem Einfluss eines sich zuspitzenden Antisemitismus, im ersten Drittel des 20. Jahrhunderts Judentum und Deutschtum immer stärker zu „unversöhnlichen Begriffen“[1] entwickeln, erhält die Frage nach der eigenen Zugehörigkeit für viele deutsche Juden zunehmend existenzielle Bedeutung. *Bin ich deutscher oder jüdischer Schriftsteller?* fragt vor diesem Hintergrund in seinem gleichnamigen Essay aus dem Jahr 1933 auch Lion Feuchtwanger. Die von der Fragestellung herausgeforderte Entweder-Oder-Entscheidung wird dabei von Feuchtwanger, der sich sowohl mit der deutschen Sprache und Literatur als auch seinem jüdischen Erbe eng verbunden fühlt, ganz bewusst verweigert. Er selbst, so lautet stattdessen seine Antwort, sehe sich in erster Linie als „internationaler Schriftsteller“[2]. Dem Konflikt der doppelten Zugehörigkeit versucht Feuchtwanger damit in einem dezidiert kosmopolitischen Identitätsentwurf zu begegnen, der über die Konzepte von Assimilation und Zionismus hinausweist.[3]

In seinem Bekenntnis zum Kosmopolitismus, das er in seinen Texten vielfach formuliert hat, beruft sich Feuchtwanger dabei immer wieder ganz explizit auf die jüdische Tradition und Geschichte. Judentum und Weltbürgertum sind für Feuchtwanger eng miteinander verbunden.

Dem regional-politischen Nationalismus, von dem sich Feuchtwanger ausdrücklich distanziert, stellt er als kosmopolitisches Gegenmodell die jüdische Tradition des Exils gegenüber. Die ‚Wurzellosigkeit‘

1 Elke Scheibe: Feuchtwangers Judentum. In: Rudolf Wolff (Hrsg.): *Lion Feuchtwanger. Werk und Wirkung*, unter Mitarbeit v. Lion Feuchtwanger. Bonn: Bouvier 1984, S. 12–33, hier S. 23.

2 Lion Feuchtwanger: Bin ich deutscher oder jüdischer Schriftsteller? [1933]. In: Ders.: *Ein Buch nur für meine Freunde*. Frankfurt am Main: Fischer 1984, S. 362–364, hier S. 362.

3 Vgl. Helen Ferstenberg: *Representations of the Jewish Artist in the Works of German-Jewish Writers from Heine to Feuchtwanger*. Oxford / Bern / New York: Peter Lang 2004, S. 182.

des jüdischen Volkes tritt dabei jedoch keineswegs als eine Figur des Mangels, als eine Form des Heimatverlustes in Erscheinung. Sie wird von Feuchtwanger vielmehr positiv umgedeutet als Ausdruck einer modernen Lebensweise, die sich aus der Abhängigkeit regionaler Zusammenhänge befreit hat. Die so gedachte nomadische Existenz eines ‚entwurzelten' jüdischen Volkes, die Loslösung von der eigenen ‚Scholle', wird dabei nach Feuchtwanger den modernen Lebensbedingungen geradezu in idealer Weise gerecht. In seinem Aufsatz *Der historische Prozeß der Juden* von 1930 heißt es dazu:

> Für den Menschen von heute, den Menschen der Apparate, der Industrie, des schnellen Verkehrs, ist Wendigkeit, schnelle Beweglichkeit, Leicht-Fertigkeit vornehmste Tugend. Überall ist heute der Nomade der wichtigere, lebensfähigere Typ geworden, der den schwerfälligen Bauern verdrängt. [...] Was früher den Juden von ihren Gegnern als ihre verächtlichste Eigenschaft vorgeworfen wurde, ihr Kosmopolitentum, ihr Nichtverwurzeltsein mit dem Boden, auf dem sie lebten, das erweist sich plötzlich als ungeheurer Vorzug.[4]

In einem weiteren Aufsatz aus dem Jahr 1933 mit dem Titel *Nationalismus und Judentum* stellt Feuchtwanger darüber hinaus deutlich heraus, wie ungeeignet die vier grundlegenden Ideologien des Nationalismus sind, um die spezifische Beschaffenheit, den Zusammenhalt der jüdischen Gemeinschaft zu charakterisieren. So betont Feuchtwanger: „Judentum ist keine gemeinsame Rasse, kein gemeinsamer Boden, keine gemeinsame Lebensform, keine gemeinsame Sprache: Judentum ist eine gemeinsame Mentalität, eine gemeinsame Haltung"[5]. Ausgehend von dieser grundlegenden Annahme entwickelt Feuchtwanger das Konzept eines spezifisch jüdischen Nationalismus, der sich in seiner Beschaffenheit von allen anderen Nationalismen abhebe. Nach Feuchtwanger unterscheidet dabei der „echte jüdische Nationalismus sich vom Nationalismus anderer Völker dadurch [...], daß er lediglich in dem Bekenntnis zu einem geistigen Prinzip besteht"[6]. Für Feuchtwanger entzieht sich „der materielle Nationalismus"[7] jeglicher logischen Begründung. Erst über das im jüdischen Nationalismus

4 Lion Feuchtwanger: Der historische Prozeß der Juden [1930]. In: Ders.: *Ein Buch nur für meine Freunde*, S. 460–466, hier S. 465.

5 Lion Feuchtwanger: Nationalismus und Judentum [1933]. In: Ders.: *Ein Buch nur für meine Freunde*, S. 467–487, hier S. 479.

6 Ebd., S. 482.

7 Ebd.

verankerte „Bekenntnis zum Geistigen“[8], gewinnt das Konzept des Nationalismus sinnhafte Bedeutung. „Ein Nationalismus, der auf gemeinsamem Boden, auf gemeinsamer Rasse basiert, spricht zum schlichten Gemüt. Die Logik lehnt ihn ab. Die Logik läßt nur den einen Nationalismus gelten, der auf gemeinsamer Mentalität basiert“.[9]

Feuchtwanger grenzt in diesem Zusammenhang einen spezifisch jüdischen Nationalismus ausdrücklich von den auf territorialen Macht- und Herrschaftsinteressen begründeten gewaltsamen Dimensionen anderer Nationalismen ab. „Der wahre jüdische Nationalismus erlaubt zur Erreichung all seiner Ziele lediglich geistige Mittel; er will den Gegner nicht besiegen, er will überzeugen“.[10] Dem jüdischen Nationalismus geht es mit Feuchtwanger so nicht etwa um die Fixierung national-territorialer Grenzen, nicht um die für andere Nationalismen konstitutive Abgrenzung zu anderen Nationen. Vielmehr ist mit Feuchtwanger

> dies […] das Einzigartige des wahren jüdischen Nationalismus: sein Sinn ist, sich selber zu überwinden. Im Gegensatz zu jedem andern Nationalismus strebt er danach, nicht sich zu konsolidieren, sondern sich aufzulösen. […] Das Ziel des wahren jüdischen Nationalismus ist die Durchdringung der Materie mit Geist. Er ist kosmopolitisch, dieser wahre jüdische Nationalismus, er ist messianisch.[11]

Sein so beschriebenes Konzept eines kosmopolitischen jüdischen Nationalismus hat Feuchtwanger umfassend auch in seiner *Josephus*-Trilogie[12] literarisch ausgestaltet. In drei Bänden erzählt Feuchtwanger hier die Lebensgeschichte des jüdischen Geschichtsschreibers, der in jungen Jahren als Josef Ben Matthias von Judäa nach Rom aufbricht und dort zum Schriftsteller Flavius Josephus wird. Dieser versteht sich dabei nicht nur als Mittler zwischen Ost und West, sondern verfolgt auch das ehrgeizige Ziel, der erste Weltbürger der Geschichte zu werden. Der geografische und zeitliche Handlungsschauplatz, den Feuchtwanger für seine Romane über den jüdischen Chronisten mit

8 Ebd.

9 Ebd., S. 483.

10 Ebd., S. 485.

11 Ebd., S. 487.

12 Bestehend aus den Romanen: *Der jüdische Krieg* [1932]. Berlin: Aufbau 1989, im Folgenden zitiert als JK; *Die Söhne* [1935]. Berlin: Aufbau 1989, im Folgenden zitiert als DS; *Der Tag wird kommen* [1945]. Berlin: Aufbau 1989 im Folgenden zitiert als DT. Alle Seitenangaben im laufenden Text beziehen sich auf die hier genannten Ausgaben.

der kosmopolitischen Vision wählt, führt dabei unmittelbar an die Ursprünge einer jüdischen Exiltradition zurück. So stehen die kriegerischen Auseinandersetzungen zwischen Juden und Römern, die in die Zerstörung Jerusalems und des Zweiten Tempels und damit auch die Zerstreuung des jüdischen Volkes münden, im Zentrum des ersten Bandes *Der Jüdische Krieg*.

Seinen Protagonisten Josef Ben Matthias präsentiert Feuchtwanger dabei zunächst als glühenden Nationalisten, der sich von Gott zur Verteidigung des judäischen Bodens gegen die Römer berufen sieht. Zu einem überraschenden Gesinnungswandel kommt es, als Josef sich eingestehen muss, dass Jerusalem von den jüdischen Truppen nicht mehr zu halten ist. Plötzlich ist er überzeugt, dass nicht die Bewahrung, sondern die Zerstörung Jerusalems Jahves Wille sein müsse. Unter diesen Vorzeichen, so schlussfolgert Josef, könne aber der römische Feldherr und spätere Kaiser Vespasian niemand anderes als der Messias selbst sein. „Das Wort vom Messias und das alte, finstere Wort, daß Jahve Israel schlagen werde, um es zu entsühnen war *eines*, und dieser Römer war gekommen, es zu erfüllen“ (JK, S. 182). Zu gewichtigen Aufgaben sieht Josef auch sich selbst berufen. „Vespasian ist der Mann, den Gott erwählt hat, aber er, Josef, ist der Mann, ihn nach dem Willen Gottes zu lenken“ (JK, S. 183). So stellt sich also Josef, der einstige jüdische Nationalist, in den Dienst des vermeintlichen römischen Messias. Seinen göttlichen Auftrag sieht Josephus dabei fortan nicht mehr im Kampf mit dem Schwert, sondern darin, über das Wort den jüdischen Geist, die kosmopolitische Idee nach Rom zu tragen. „So machte sich Josef aus einem Bürger Judäas zum Bürger der Welt und aus dem Priester Josef Ben Matthias zu dem Schriftsteller Flavius Josephus“ (JK, S. 262). Sein ‚Psalm des Weltbürgers‘ wird Josef dabei zum Manifest und Gründungstext seiner kosmopolitischen Weltanschauung. Darin heißt es:

> Reiße dich los von deinem Anker, spricht Jahve.
> […]
> Ich habe dem Menschen Schenkel gegeben, ihn zu tragen über die Erde,
> Und Beine zum Laufen,
> Daß er nicht stehen bleibe wie ein Baum in seinen Wurzeln.
> […]
> Ein Baum kennt immer nur das gleiche,
> Aber der Mensch hat Augen, daß er das Fremde in

> sich einschlinge,
> Und eine Haut, das andere zu tasten und zu schmecken.
> [...]
> Ein Knecht ist, wer sich festbindet an ein einziges Land.
> Nicht Zion heißt das Reich, das ich euch gelobte,
> Sein Name heißt Erdkreis (JK, S. 261–262).

In seinem Selbstverständnis als Weltbürger wendet Josef sich gänzlich von den Prämissen des nationalen Kriegshelden ab. Nicht die Sicherung des eigenen Territoriums, sondern die Begegnung mit dem Fremden, die Verschmelzung mit dem Anderen erscheint ihm nun als erstrebenswertes Ziel.

> Josef begann die Grenzen zu hassen, die ihm früher Auszeichnung, Auserwähltheit bedeutet hatten. Es kam darauf an, das eigene Gute überfließen zu lassen in die andern, das fremde Gute einzusaugen in sich selbst (JK, S. 254).

Erst jetzt ist Josef auch in der Lage, die wahre Bedeutung des römischen Messias Vespasian zu erfassen. „Sie bestand darin, daß dieser Mann die Schale des Judentums zerschlug, auf daß ihr Inhalt über die Erde verströmte und Griechentum und Judentum ineinanderschmolzen“ (JK, S. 254).

Die neugewonnene kosmopolitische Haltung findet jedoch nur wenig Zuspruch in Josefs Umfeld. Auf seinen Gesinnungswandel vom Nationalisten zum Kosmopoliten reagiert seine Umwelt immer wieder mit Ablehnung und Angriffen. Gilt Josef den Juden ob seines Übertrittes auf die römische Seite als Verräter, erinnern ihn die Römer nur allzu gern an die Niederlage ‚seines‘, also des jüdischen Volkes. Doch trotz aller Widerstände scheint zumindest der Grundstein für die Verwirklichung einer kosmopolitischen Existenz am Ende des ersten Bandes der Trilogie erfolgreich gelegt zu sein. In seiner Absage an jegliche Form des Nationalismus kann *Der Jüdische Krieg* so vor allem auch als ausdrückliche Warnung Feuchtwangers an die deutschen Juden gelesen werden, sich den Ideen eines radikalen Zionismus anzuschließen.[13] Als Gegenmodell formuliert der Roman stattdessen ein Konzept „kosmopolitischer Assimilation“[14], das dabei aber nicht auf einer Aufgabe jüdischer Traditionen beruht, sondern

13 Vgl. dazu auch Andrea Bunzel: Die Josephus-Trilogie im Zeichen des Exils. In: Daniel Azuélos (Hrsg.): *Lion Feuchtwanger und die deutschsprachigen Emigranten in Frankreich von 1933 bis 1941. Tagung zum Deutschen Exil. Lion Feuchtwanger et les exilés de langue allemande en France de 1933 à 1941*. Bern: Peter Lang 2006, S. 235–244, hier S. 236–237.

14 Bunzel: Die Josephus-Trilogie, S. 238.

vielmehr an den universalistischen Charakter der jüdischen Lehre anknüpft.

Dass Feuchtwanger diesen Ansatz in den folgenden Bänden in dieser Form nicht konsequent weiter verfolgt, die Thematik des jüdischen Nationalismus unter anderen Vorzeichen verhandelt, ist maßgeblich auch dem werkgeschichtlichen Entstehungskontext der Romane geschuldet. Im März 1933 plündern die Nationalsozialisten Feuchtwangers Haus in Berlin und zerstören das fast fertig gestellte Manuskript des zweiten Bandes. Erst im Jahr 1935 erscheint schließlich die völlig neu konzipierte Version unter dem Titel *Die Söhne*. In einer nachgestellten Anmerkung hält Feuchtwanger dazu fest, er habe in der Zwischenzeit über „Nationalismus und Weltbürgertum manches dazugelernt, der Stoff sprengte den früheren Rahmen und ich war gezwungen, ihn in drei Bände aufzuteilen“[15].

Besonders auffällig tritt im zweiten Band *Die Söhne* die Verlagerung des zentralen Handlungskonflikts hervor: Dieser wird nun nicht mehr vorrangig zwischen Juden und Römern ausgetragen, sondern verstärkt auch innerhalb der jüdischen Gemeinde selbst. Ihren Ausgangspunkt findet die Auseinandersetzung dabei in der Zerstörung des Jerusalemer Tempels und der daraus resultierenden Neuausrichtung des Judentums, die sich bereits am Ende des ersten Bandes ankündigt. Ohne Tempel, ohne eigenes Territorium, stellt sich für die jüdischen Gelehrten die Frage, wie fortan in der Zerstreuung der Zusammenhalt des jüdischen Volkes gewährleistet werden kann. Für die Doktoren der neugegründeten Universität Jabne, das neue Zentrum der jüdischen Lehre, gilt es zunächst, die bisher mündlich weitergegebene Lehre schriftlich zu fixieren.

> Der Tempel ist nicht mehr, unser ganzes Reich ist jetzt die Schrift. Ihre Bücher sind unsere Provinzen, ihre Sätze unsere Städte und Dörfer. [...] Wir wollen die sechshundertdreizehn Gebote aufzeichnen auf gutem Pergament, [...] sie umzäunen und untermauern, daß Israel für die Ewigkeit darauf stehen kann. (JK, S. 390–391)

Die Frage nach der Beschaffenheit dieses Fundaments sorgt innerhalb der jüdischen Gemeinschaft jedoch für erhebliche Kontroversen. Nur ein streng ausgelegtes und national ausgerichtetes Zeremonialgesetz, so glauben die Doktoren, kann in der räumlichen Trennung den inneren Zusammenhalt des Judentums gewährleisten. Starker

15 Feuchtwanger: *Die Söhne*, Anmerkung im Anhang, S. 503.

Widerstand gegen eine solche Partikularisierung regt sich jedoch vor allem in den Reihen der Minäer bzw. Christen, die den universalistischen Charakter der jüdischen Lehre durch die nationale Verengung bedroht sehen. So empört sich etwa der aus der jüdischen Gemeinde ausgestoßene Acher, einer der erbittersten Gegner des neuen Zeremonialgesetzes:

> Die Einheit der Lehre. *Ein* Gott, *eine* Nation, *eine* Auslegung. [...] Mit lauter Zentralisierung und Nationalisierung bringen sie die Lehre um ihren Sinn. Mit ihrer *einen* Auslegung deuten sie die Welt aus der Schrift hinaus und ein albernes, größenwahnsinniges Nationchen in sie hinein. Wenn Jahve nicht der Gott der ganzen Welt ist, was ist er dann? Ein Gott unter vielen, ein nationaler Gott (DS, S. 333).

Eine gänzlich andere Sichtweise vertritt gegenüber dieser durchweg ablehnenden Haltung der Großdoktor Gamaliel. Seine Befürwortung der Zentralisierung begründet er vor allem auch mit zunehmenden antisemitischen Tendenzen, die sich in der römischen Politik verzeichnen lassen. In Zeiten der akuten Bedrohung der jüdischen Gemeinde sieht Gamaliel keine Alternative zur Strategie der nationalen Einengung:

> Ich habe die Wahl [...] den Universalismus der Juden aufs Spiel zu setzen oder ihre Existenz. Soll ich um eines Teiles der Idee willen die ganze Idee gefährden? Ich ziehe es vor, das Judentum für eine Weile national einzuengen, statt es ganz aus der Welt verschwinden zu lassen. (DS, S. 405)

Stand das Konzept der Nation dem Begriff der Vernunft in *Der Jüdische Krieg* noch kontrastiv gegenüber, wird die nationale Position nun verstärkt auch als ‚vernünftiger' Weg zur Sicherung des Bestands des Judentums eingeführt. So glaubt etwa auch Gamaliel, „das letzte Ziel bleibt, die Welt mit jüdischen Geist zu erfüllen. Aber bevor man das kann, muß man erst einmal zusehen, den jüdischen Geist vor dem Verschwinden zu bewahren" (DS, S. 355).

Josefs eigene Haltung in diesem Konflikt bleibt uneindeutig. War er noch im ersten Band von seiner kosmopolitischen Sendung überzeugt, scheint er nun zunehmend zwischen nationalen und kosmopolitischen Positionen zerrissen zu werden. Nicht nur auf politischer, auch auf privater Ebene, zeigt sich die Idee des Weltbürgertums als schwer zu verwirklichen: Auch hier will sich Josefs Begeisterung für die kosmopolitische Idee nicht fortpflanzen.

Die im ersten Band geschlossene Ehe mit seiner ägyptischen Frau Dorion gilt im zweiten Band bereits als gescheitert. Der gemeinsame

Sohn Paulus empfindet die unterschiedliche Herkunft seiner Eltern nicht als Bereicherung, sondern als Belastung. Er will partout nicht der Weltbürger werden, zu dem Josef ihn machen will. Dem Judentum des Vaters verweigert sich Paulus vehement. Er will nur eines sein: Römer. Während Josef sich bemüht, diesen Sohn zum Juden zu erziehen, wird Simeon, sein jüdischer Sohn aus erster Ehe, bei einem antisemitischen Angriff von römischen Spielkameraden getötet. Der Verlust des Sohnes stürzt Josef in eine tiefe Krise. Vollständig auf seine kosmopolitische Sendung fokussiert, ist es ihm nicht gelungen, seinen väterlichen Aufgaben gerecht zu werden. „Josef hatte es verabsäumt, den Toten zu seinem Sohne zu machen, und seinen andern Sohn hatte er nicht zum Juden gemacht“ (DS, S. 257).

Mit der familiären Thematik gerät im zweiten Band auch die Frage nach der Bedeutung der biologischen Verwandtschaft verstärkt ins Blickfeld. Zugehörigkeit und Abstammung werden bei Feuchtwanger als verhandelbare Kategorien eingeführt: Die genetische Verwandtschaft als solche gilt den Figuren dabei nicht zwangsläufig als identitätsstiftendes Merkmal. Als Juden oder Weltbürger sind die Söhne Josefs nicht geboren, sie müssen erst dazu gemacht werden bzw. sich zu einer Gemeinschaft oder einem Lebensentwurf bekennen. Zugleich verweist die Romanhandlung jedoch stets auch auf die gesellschaftlichen Grenzen individueller Identitätsentwürfe, insbesondere sobald diese sich nicht auf eine rein national-regionale Zugehörigkeit berufen wollen. In vielfacher Hinsicht thematisieren die Romane so immer wieder auch die Ausschlüsse, die mit einem Bekenntnis zur kosmopolitischen Idee einhergehen.

Mit dem dritten Band *Der Tag wird kommen* vollzieht sich in Hinblick auf die zentrale Thematik eine erneute Wende, wobei der konkrete Bezug zum nationalsozialistischen Deutschland deutlich hervortritt. Unter der Herrschaft des Kaisers Domitian entwickelt sich das einst fortschrittliche und kosmopolitische Rom zu einem Polizeistaat, in dem Bespitzelung und Willkür zur Tagesordnung gehören. Zugleich rückt die Verwirklichung des kosmopolitischen Traums ausgerechnet jetzt für Josef noch einmal in greifbare Nähe: Mara, die Mutter des ermordeten Erstgeborenen, zu der Josef inzwischen zurückgekehrt ist, bringt einen weiteren Sohn zur Welt. Dieser Sohn, genannt Matthias, wächst nun wie von Josef gewünscht tatsächlich zu einem echten Weltbürger heran. Er ist in die jüdische Gemeinschaft ebenso integriert wie in die römische und zeigt sich bereit und gewillt, das Erbe seines Vaters anzutreten. Doch Josefs familiäres Glück ist nur von kurzer Dauer. Denn Kaiser Domitian befürchtet, es könne sich bei dem Sohn Josefs um den wahren Messias handeln, und lässt, um die eigene Machtposition zu sichern, den Hoffnungsträger kurzerhand ermorden. Dass ein Leben als Kosmopolit in der römischen Metropole möglich sei, daran wagt Josef nach diesem schweren Schlag endgültig nicht mehr zu glauben. Für immer kehrt er zurück nach Judäa. Hier vollzieht sich erneut ein überraschender Gesinnungswandel des Protagonisten. Nach seinem lebenslangen Ringen mit der Utopie des Weltbürgertums beschließt Josef als siebzigjähriger „Greis" (DT, S. 401), noch einmal in die Schlacht zu ziehen, um die Aufständischen Judäas bei den erneut beginnenden Kämpfen gegen die Römer zu unterstützen. Doch noch bevor er die Front erreicht, kommt es in der Wüste zu einer verhängnisvollen Begegnung mit einer Gruppe römischer Soldaten. Diese binden Josef an ein Pferd und schleifen ihn brutal zu Tode. Es ist ein schockierendes und ambivalentes Ende, das Feuchtwanger seinem Protagonisten hier bereitet.

Josef wollte Jude *und* Römer, Israelit *und* Weltbürger sein – und verfolgte damit einen Identitätsentwurf, der sich nur schwerlich in die Strukturen einer nationalen Gesellschaftsordnung einfügen ließ. Josef selbst gelang es zeitlebens nicht, die aus multiplen Zugehörigkeiten resultierenden Widersprüche und Zerrissenheiten harmonisch aufzulösen. Als Weltbürger hatte Josef von der Verschmelzung der Kulturen, der Überwindung nationaler Beschränkungen geträumt. Doch mit seinem kosmopolitischen Identitätsentwurf wurde Josef weder in der jüdischen, noch der römischen Gemeinschaft als vollwertiges Mitglied anerkannt. Er blieb der Außenseiter, dem von allen Seiten Misstrauen und Ablehnung entgegenschlugen. Am Ende des dritten Bandes schließlich, kommt es doch noch zu der lang beschworenen Verschmelzung. Diese gestaltet sich allerdings gänzlich anders, als es der Weltbürger Josef im Sinn hatte. Denn nicht mit dem Anderen, dem Fremden, dem Gegenüber verschmilzt Josef in seinen letzten Atemzügen, sondern ausgerechnet mit dem Sinnbild eines materiellen Nationalismus: dem judäischen Boden. So heißt es im Roman:

> Das ganze Land war erfüllt von seinem verdämmernden Leben, und er war eins mit dem Land. Das Land holte ihn, und er suchte es. Er hatte die Welt gesucht, aber gefunden hatte er nur sein Land; denn er hatte die Welt zu früh gesucht.

> Der Tag war da. Es war ein anderer Tag, als er ihn geträumt hatte, aber er war es zufrieden. (DT, S. 410)

Im Angesicht des nahenden Todes, so ließe sich diese Passage oberflächlich deuten, gelingt es Josef, indem er sich von der Welt abkehrt und zu seinem Land zurückfindet, nun endlich, den inneren Zwiespalt zu überwinden. Tatsächlich aber verweigert der Text bei genauerer Betrachtung bis zum Schluss die Auflösung der Brüche, die sich aus dem Aufeinandertreffen von weltbürgerlichem Ideal und nationaler Gesellschaftsordnung ergeben. Denn obwohl Feuchtwanger das Sterben seines Protagonisten bewusst mit zionistischen Motiven verschränkt – als eine versöhnliche Heimkehr ins Gelobte Land lässt sich die Szene kaum deuten. Josefs Tod ist ein gewaltsamer, er stirbt schwer misshandelt und allein, „das Gesicht und den weißen Bart besudelt mit Blut, Staub, Kot und Speichel" (DT, S. 410). Die expliziten Verweise auf die Körperlichkeit des Protagonisten stehen in deutlichem Widerspruch zu dem heraufbeschworenen Bild einer harmonischen Verschmelzung, einer Einheit von Mensch und Land. Der qualvoll sterbende Körper fungiert hier als Gegenbild zu dem sanft ‚verdämmernden' Leben, das ‚eins mit dem Land' wird. Die Erlösung des Protagonisten ist somit nicht vordergründig gebunden an die Kategorie des Bodens – zum Leitmotiv der Sterbeszene wird vielmehr die Figur der ‚Auflösung', die unmittelbar auf Feuchtwangers bereits eingangs zitierten Essay *Nationalismus und Judentum* zurückweist. Über den jüdischen, den messianischen Nationalismus hatte Feuchtwanger hier gesagt: „All sein Streben ist, sich aufzulösen wie Salz im Wasser, das, gelöst, unsichtbar, dennoch allgegenwärtig bleibt und ewig"[16] Die Parallele ist offensichtlich: Auch Josef löst sich auf, es fehlt am Ende „jede Spur" (DT, S. 411) von ihm. Vor dem Hintergrund von Feuchtwangers theoretischen Überlegungen erhält das Sterben Josefs so eine eindeutig messianische Komponente. Verstärkt wird diese zusätzlich über das Bibelzitat, mit dem die Doktoren im Roman das vollständige Verschwinden Josefs kommentieren: „Wie es heißt von Moses, unserem Lehrer: ‚Und niemand hat sein Grab erkundet bis auf diesen heutigen Tag'" (DT, S. 411). Dass Feuchtwanger das genannte Zitat aus dem 5. Buch Mose gewissermaßen zum Schlusswort der Trilogie macht, ist entscheidend für die Deutung von Josefs Tod. Denn Moses starb, noch bevor das jüdische Volk das Ziel der

16 Feuchtwanger: Nationalismus und Judentum, S. 487.

gemeinsamen Wanderung, das Gelobte Land, erreichte. Dass Feuchtwanger hier einen unmittelbaren Bezug zwischen Moses und Josef herstellt, verweist darauf, dass er die messianische Sendung seines Protagonisten noch nicht als beendet ansieht. Die Idee des Weltbürgertums, verfasst als Konzept zur Überwindung der Begrenzungen nationaler Gesellschaftsordnungen, bleibt damit als Bezugspunkt auch im Tode Josefs erhalten. Das Spannungsverhältnis zwischen universellen und partikularen Loyalitäten, denen sich sein Protagonist ausgesetzt sieht, wird von Feuchtwanger zu keinem Zeitpunkt aufgehoben. Nicht das Entweder-oder, sondern das Sowohl-als-auch steht für Feuchtwanger im Mittelpunkt seiner Auseinandersetzung mit den Begriffen von Nationalismus und Weltbürgertum. Dabei zeigen die drei *Josephus*-Romane eindrucksvoll auf, warum Nationalismen, die auf singulären Zugehörigkeiten und fortwährenden Abgrenzungen basieren, in letzter Konsequenz stets zu gewaltsamen Ausgrenzungen führen müssen – und warum daher eine kosmopolitische Haltung den Anforderungen einer modernen, einer menschlichen Gesellschaft besser gerecht wird, als national begründete, territorial fixierte Gemeinschaftsmodelle.

# Zwischen Singularität und Universalität

## Paradoxe Aspekte jüdischen Exils in Heinrich Heines *Jehuda ben Halevy*

Rachel Rau

### I. Einleitung

Die folgenden Ausführungen zum jüdischen Exil bei Heinrich Heine entstehen in dem Bewusstsein, dass es nicht unproblematisch ist, sich diesem Thema zu nähern. Man muss zugeben, dass man sich dabei bereits in einer Paradoxie befindet: Der ‚Blick von außen' auf eine ‚jüdische Identität', die mit herkömmlichen Identitätskategorien bricht, läuft immer Gefahr, entweder diese Identität als problematische Fremdzuschreibung zu festigen oder ihr aber ihre Partikularität zu versagen.

Ausgerechnet Heinrich Heine und seine Dichtung mit jüdischem Exil in Verbindung zu bringen – auch dies mag paradox erscheinen. Heine hat sich selbst niemals als orthodoxer Jude verstanden. Dennoch spielte die Auseinandersetzung mit dem Judentum zeitlebens eine wichtige Rolle für ihn, was sich insbesondere auch in seiner späten Dichtung niederschlägt. So äußerte er 1850: „Es wäre abgeschmackt und klein, wenn ich, wie man mir nachsagte, mich je geschämt hätte, ein Jude zu sein, aber es wäre ebenso lächerlich, wenn ich behauptete, ich wäre einer."[1] In gewisser Hinsicht kann auch Heines Dichtung gerade durch ihr komplexes und ambivalentes Verhältnis zum Judentum – sowie zu Kategorien nationaler Identität überhaupt – als exemplarisch und aufschlussreich für die hier diskutierten Verhandlungen des Jüdischen gesehen werden, wie sich im Folgenden noch zeigen wird.

Das lyrische Fragment *Jehuda ben Halevy* ist in den *Hebräischen Melodien* des 1851 erschienenen Gedichtbands *Romanzero* enthalten. Heine schrieb es vermutlich Mitte 1850 schwer erkrankt im Pariser Exil. Er hatte zu diesem Zeitpunkt zu einer neuen Identifikation mit dem Judentum gefunden. Diese Hinwendung zum Judentum war weniger

1 Zitiert nach Alfred Meissner: Ohne Titel. In: Michael Werner (Hrsg.): *Begegnungen mit Heine. Berichte der Zeitgenossen 1847–1856*. Hamburg: Hoffmann und Campe 1973, S. 171–183, hier S. 175.

orthodox-religiöser Natur, sondern begründete sich einerseits in der Identifikation mit der Leidensgeschichte des jüdischen Volkes und andererseits durch eine Rückbesinnung auf den jüdischen Gott, die gleichwohl keine institutionell vermittelte war.[2]

Das Gedicht ist eine Hymne auf den sephardischen Dichter und Philosophen Jehuda Halevy, der im 11. und 12. Jahrhundert in Spanien lebte und sich 1141 entschloss, nach Erez Israel auszuwandern. Seine Todesursache ist ungeklärt, vermutlich kam er auf der Reise nach Israel in Ägypten ums Leben. Einer Legende folgend stirbt Heines Jehuda ben Halevy, nachdem er Jerusalem erreicht hat, das Zionslied singend auf den Trümmern der heiligen Stadt durch den Speer eines Sarazenen. Das Gedicht ist durch zahlreiche Verknüpfungen und Überlagerungen von jüdischen, orientalischen und christlichen Motiven, Stoffen und Intertexten strukturiert.[3]

In Heines *Jehuda ben Halevy* werden offensichtlich vielfältige und paradoxe Aspekte jüdischen Exils verhandelt. Hierbei handelt es sich weniger um einen strikt religiös verstandenen Begriff des Jüdischen, sondern um einen, der im Kontext der (säkularen) jüdischen Moderne steht. Die Paradoxie liegt in Heines Gedicht zunächst in einer Dichtung des Exils, die trotz der Katastrophe der Vertreibung und trotz des Leidens am Exil entsteht. Damit steht auch die Frage im Raum, inwiefern die jüdische Leiderfahrung des Exils im positiven Sinne identitätsstiftend werden kann. Darüber hinaus wird hier eine partikulare jüdische Identität verhandelt, die einer spezifisch jüdischen Geschichte entspringt, die jedoch durch die Exilerfahrung Universalitätscharakter gewinnt, indem sie sich dem Anderen und Allgemeinen öffnet.

Für viele Denker der Moderne, bzw. auch der Postmoderne, nimmt die Figur der jüdischen Wurzellosigkeit exemplarischen Charakter an. So wird z. B. das jüdische Exil als Symbol der existenziellen Unbehaustheit des Menschen oder der jüdische Kosmopolitismus

2 Vgl. Kommentar von Frauke Bartelt und Alberto Destro zu Heinrich Heine: *Historisch-kritische Gesamtausgabe der Werke*, hrsg. v. Manfred Windfuhr. Bd. 3.2: Romanzero. Gedichte 1853 und 1854. Lyrischer Nachlaß. Apparat. Hamburg: Hoffmann und Campe 1992, S. 861–862.

3 Vgl. Kathrin Wittler: „Mein westöstlich dunkler Spleen". Deutsch-jüdische Orientimaginationen in Heinrich Heines Gedicht „Jehuda ben Halevy". In: *Heine Jahrbuch* 49 (2010), S. 30–49, hier S. 30.

als Alternative zum nationalstaatlichen Denken gedacht.[4] In Heines *Jehuda ben Halevy* wird die Figur des jüdischen Exils universell, indem es u. a. als Chiffre für das Künstlertum überhaupt verstanden werden kann.[5] Darüber hinaus wird Jehuda ben Halevy zum Exempel eines kosmopolitischen Dichters, der die Beschränkungen des Partikularen überwindet. Und doch bleiben die Singularität des Jüdischen und die Leiderfahrung jüdischen Exils der Dichtung eingeschrieben. So entwirft Heine einen Begriff des Jüdischen, der zwischen Partikularität und Universalität oszilliert, zwischen Möglichkeit und Unmöglichkeit einer Überwindung der Schmerzerfahrung in und mit der Poesie.

## II. Die Exilverse des 137. Psalms

Das Gedicht beginnt mit einer Bezugnahme auf den fünften und sechsten Vers des 137. Psalms:[6]

> „Lechzend klebe mir die Zunge
> An dem Gaumen, und es welke
> Meine rechte Hand, vergäß' ich
> Jemals dein, Jerusalem –"[7]

Diese vor der Katastrophe des Vergessens warnenden Verse haben hier die Form eines Zitats. Wirkmacht und Bedeutung, die diese Worte durch ihre Platzierung am Anfang des Gedichts haben, werden relativiert durch die Distanz, die durch die Zitatform ausgedrückt ist. Offenbar ist nicht der Sprecher hier der Fromme.[8] Auch im Verlauf

4 Vivian Liska: Exil und Exemplarität. Jüdische Wurzellosigkeit als Denkfigur. In: Doerte Bischoff / Susanne Komfort-Hein (Hrsg.): *Exil und Literatur. Neue Perspektiven.* Berlin: De Gruyter 2013, S. 339–255, hier S. 241.

5 Vgl. Gerhard Höhn: *Heine-Handbuch. Zeit, Person, Werk.* Stuttgart: Metzler 2004, S. 146 bzw. 148.

6 Der fünfte und sechste Vers des 137. Psalms lauten in der Einheitsübersetzung der Bibel: „Wenn ich dich je vergesse, Jerusalem, / dann soll mir die rechte Hand verdorren. / Die Zunge soll mir am Gaumen kleben, / wenn ich an dich nicht mehr denke, / wenn ich Jerusalem nicht zu meiner höchsten Freude erhebe." (Zit. nach *Neue Jerusalemer Bibel. Einheitsübersetzung mit dem Kommentar der Jerusalemer Bibel*, hrsg. v. Alfons Deissler / Anton Vögtle in Verbindung mit Johannes M. Nützel. Freiburg: Herder 1995, S. 854.

7 Heinrich Heine: Jehuda ben Halevy. In: Ders.: *Historisch-kritische Gesamtausgabe der Werke*, hrsg. v. Manfred Windfuhr. Bd. 3.1: Romanzero. Gedichte 1853 und 1854. Lyrischer Nachlaß. Hamburg: Hoffmann und Campe 1992, S. 130–158, hier S. 130. Im Folgenden zitiert unter DHA III (Düsseldorfer Heine-Ausgabe), alle Seitenangaben im laufenden Text beziehen sich auf diese Ausgabe.

8 Vgl. Aleida Assmann: *Erinnerungsräume. Formen und Wandlungen des kulturellen Gedächtnisses.* München: C. H. Beck 1999, S. 120.

der nächsten Verse zeigen sich eine Traumhaftigkeit und Diffusität in Zusammenhang mit den jüdischen Traditionen, die gleichsam im Widerspruch zu der anfänglichen Mahnung stehen.

Wort und Weise, unaufhörlich
Schwirren sie mir heut' im Kopfe,
Und mir ist als hört' ich Stimmen,
Psalmodierend, Männerstimmen –

Manchmal kommen auch zum Vorschein
Bärte, schattig lange Bärte –
Traumgestalten, wer von euch
Ist Jehuda ben Halevy?

Doch sie huschen rasch vorüber;
Die Gespenster scheuen furchtsam
Der Lebend'gen plumpen Zuspruch –
Aber ihn hab' ich erkannt –

Ich erkannt' ihn an der bleichen
Und gedankenstolzen Stirne,
An der Augen süßer Starrheit –
Sahn mich an so schmerzlich forschend –

Doch zumeist erkannt ich ihn
An dem räthselhaften Lächeln
Jener schön gereimten Lippen,
Die man nur bey Dichtern findet. (DHA III, S. 130)

Von den psalmodierenden Traumgestalten gewinnt einzig Jehuda ben Halevy für das lyrische Ich Kontur. Er ist es, der sich aus dem Nebel der religiös vermittelten Erinnerung erhebt. Das Erkennen vollzieht sich hier ganz unorthodox über die gemeinsame Identifikation als Dichter. Und doch – so wird später noch deutlich – spielt gerade die Dichtkunst für die Erinnerung an Jerusalem eine zentrale Rolle, ebenso wie die Erinnerung für die Dichtkunst.

Bereits in diesen Anfangsversen ist die Paradoxie einer jüdischen Identität angelegt, die sich einerseits auf die spezifisch jüdische Geschichte und auf das Heilige Land bezieht, die aber andererseits mit nationalen und religiösen Identitätskategorien bricht. Schon hier wird ein Begriff des Jüdischen konzipiert, der sich öffnet hin zu einem Nicht-mit-sich-selbst-identisch-Sein. Nicht ohne Grund beginnt das Gedicht mit den berühmten Exil-Versen des 137. Psalms, deren Thema die Vertreibung aus dem Heiligen Land ist. Jehuda ben Halevy ist ein jüdischer Dichter und er wird in diesen Versen zunächst ganz offensichtlich den psalmodierenden jüdischen Traumgestalten zugeordnet. Die jüdische Geschichte ist ein zentrales Thema des Gedichts, sie scheint auch für das lyrische Ich eine zentrale Bedeutung zu haben, die Verse des 137. Psalms „schwirren" ihm beständig im Kopfe herum. Und doch wird eine Distanz deutlich, Jehuda ben Halevy wird erst in der Figur des Dichters und Denkers erkennbar. Ausgangspunkt der Begegnung ist ein gemeinsamer Bezug zur jüdischen Geschichte, doch in der Begegnung selbst schwindet die Relevanz der jüdischen Wurzeln. Das lyrische Ich selbst setzt sich in die Tradition einer jüdischen Identität, die sich durch eine gewisse Nichtspezifik auszeichnet bzw. in diesem Paradox sich begründet und verharrt. Zwar werden Bezüge zu den religiösen Wurzeln hergestellt, diese werden jedoch in ihrer Bedeutung für die Gegenwart relativiert, die „Gespenster scheuen furchtsam / Der Lebend'gen plumpen Zuspruch" (DHA III, S. 130), sie entziehen sich dem Zugriff und der Auseinandersetzung im Hier und Jetzt. Auch markiert die Berufung auf eine gemeinsame Geschichte des Exils und des Verlusts einen Bruch mit der Vorstellung von Verwurzelung, die kulturelle Identität und Territorium kurzschließt. Auf diese Weise findet eine Auseinandersetzung mit dem Judentum statt, die zugleich das Denken in Kategorien nationaler und religiöser Identität sowie territorialer Verwurzelung infrage stellt.

Wenn es in der ersten Strophe heißt „und es welke meine rechte Hand, vergäß' ich / Jemals dein, Jerusalem", so zeichnet sich bereits hier auch ein Zusammenhang zwischen Schreiben und Erinnerung ab. Denn die rechte Hand ist auch das existenzielle Körperteil des Dichters. Trotz der offensichtlichen Distanz zur religiös vermittelten Erinnerung wird auf diese Weise doch die enge Verknüpfung von Jerusalem-Erinnerung, Dichtung und Identität deutlich. Das Gedenken und Erinnern des Schmerzes ist zentral für die Dichtung Jehuda ben Halevys und für Heines eigene Dichtung.

## III. Die Liebe zu Jerusalem

Zentrales Thema des Gedichts ist die Liebe Jehuda ben Halevys zu Jerusalem. Jehuda ben Halevy besingt die ferne Geliebte Jerusalem, dass diese Liebe jedoch jemals eine reale Erfüllung findet, scheint mehr als fraglich. Er stirbt schließlich zu Füßen seiner Liebsten Jerusalem. Es ist die Schmerzerfahrung des jüdischen Exils, die zugleich konstitutiv ist für die Schönheit und Erhabenheit von Jehuda ben Halevys Dichtung. Der Schmerz gilt dem Verlust der Heimat, wobei Jerusalem hier immer auch für einen imaginierten Urzustand im weiteren Sinne steht.

Im 137. Psalm heißt es: „Wie könnten wir singen die Lieder des Herrn, / fern, auf fremder Erde?“[9] Aus Trauer über den Verlust Zions sind die Exilierten unfähig und unwillig, der Forderung ihrer Peiniger nachzukommen und ein Zionslied anzustimmen. Demgegenüber steht paradoxerweise die Tradition der jüdischen Jerusalem-Lyrik, wozu auch der 137. Psalm selbst zählt.[10] Die Mangelerfahrung ist hier zugleich Ausgangspunkt der Kunst und kann in gewissem Sinne sogar von dieser überwunden werden. So kann in der Dichtung die Liebe des Dichters die Sehnsucht zumindest kurzzeitig bezwingen. Insofern steht auch die Figur des Jehuda ben Halevy nicht nur für das Paradoxe, sondern immer auch für die Momente der Synthese.[11]

Vermeintlich setzt Heine dem christlichen Brauch des Minnesangs die Liebe Jehuda ben Halevys zu seinem „traurig arme[n] Liebchen“ Jerusalem entgegen:

> Ohne Dame keine Minne,
> Und es war dem Minnesänger
> Unentbehrlich eine Dame,
> Wie dem Butterbrod die Butter.
>
> Auch der Held, den wir besingen,
> Auch Jehuda ben Halevy
> Hatte seine Herzensdame;
> Doch sie war besondrer Art.
>
> […]
>
> Keine Kußrechtscasuistin
> War sie, keine Doktrinärrin,
> Die im Spruchcollegium
> Eines Minnehofs dozirte –
>
> Jene, die der Rabbi liebte,
> War ein traurig armes Liebchen,

9 *Neue Jerusalemer Bibel*, S. 854.

10 Vgl. Gabrielle Oberhänsli-Widmer: Exil – Existenz im Paradox, oder die Eigenart jüdischer Literatur. In: Dies. (Hrsg.): *Zwischen Selbstbehauptung und Identitätsverlust: Exilerfahrungen des Judentums*. Freiburg: Rombach 2006, S. 9–23, hier S. 11.

11 Vgl. Janina Schmiedel: Synthesemomente in Heinrich Heines lyrischem Fragment „Jehuda ben Halevy“. In: *Heine Jahrbuch* 50 (2011), S. 71–84, hier S. 71.

Der Zerstörung Jammerbildniß,
Und sie hieß Jerusalem. (DHA III, S. 138)

Unterschiedlicher könnten die Geliebte Jehuda ben Halevys, die auch als der „Zerstörung Jammerbildnis" beschrieben wird, und die Dame des Minnesängers kaum sein. Und doch werden sie hier in einem Atemzug erwähnt. So werden in diesen Versen christliche Minnetradition und die Liebe des exilierten Dichters zu Jerusalem enggeführt und zugleich voneinander abgegrenzt.

Die Vertreibung aus Jerusalem, jene Leiderfahrung der Diaspora, die zugleich – um Heines Worte zu benutzen – „von Nazionalität befreyte und den Cosmopolitismus stiftete"[12], wird hier bemerkenswerterweise mit dem Minnesang als einer ausdrücklich christlichen Kunstform in Zusammenhang gebracht. Durch die Notwendigkeit, sich an Orten fern der Heimat niederzulassen, begründete sich der jüdische Synkretismus. Die Verflechtung verschiedener kultureller Einflüsse kann somit als jüdische Eigenart gelten, wie sie auch die Dichtung Jehuda ben Halevys auszeichnet.[13] Hier wird erneut der paradoxe Aspekt deutlich: Jüdisch wäre in diesem Sinne das, was nicht mehr auf eine spezifische kulturelle Identität festzuschreiben ist, das Nicht-Identische. In diese Tradition stellt sich auch Heine selbst, wenn er in diesem Gedicht jüdische, orientalische und christlich-abendländische Aspekte verbindet. Hier erscheint der jüdische Kosmopolitismus in seiner Hybridität als eine Infragestellung und Überwindung vermeintlich homogener, gegeneinander abgeschlossener Kultur- bzw. Identitätskonzepte.

Das Sehnen nach einem idealen Zustand, den man auf irdischen Wegen weder erreichen kann noch will, teilen Minnesang und Jerusalem-Lyrik. Sie erscheinen hier als thematisch verwandt und kulturell miteinander verwoben. Gleichzeitig ist aber der Minnesang auch Inbegriff einer Kultur, die in vielerlei Hinsicht der jüdischen Kultur entgegengesetzt ist. Sie erscheint hier auch als eine Kultur der Täter. Denkwürdig ist in diesem Zusammenhang die Beschreibung der Autodafés:

12 Heinrich Heine: Ludwig Börne. Eine Denkschrift. In: Ders.: *Historisch-kritische Gesamtausgabe der Werke*, hrsg. v. Manfred Windfuhr. Bd. 11: Ludwig Börne. Eine Denkschrift. Kleinere politische Schriften. Hamburg: Hoffmann und Campe 1978, S. 11–132, hier S. 40.

13 Vgl. Oberhänsli-Widmer: Exil – Existenz im Paradox, S. 18.

So wie auch Autodafés,
Wo sie auf Balkonen sitzend
Sich erquickten am Geruche
Von gebratnen alten Juden. (DHA III, S. 144)

So hat die Sehnsucht nach Jerusalem in diesem Sinne nicht nur eine metaphorisch-gleichnishafte, sondern auch eine reale, politische Dimension. Und doch kann der Schmerz als Grund der Dichtung hier zugleich auch als allgemeines poetologisches Prinzip gelten. Jehuda ben Halevy wird in dieser Hinsicht Vorbildcharakter zugesprochen, er erscheint in Heines Gedicht als der ideale Dichter, er ist der „Held", der besungen wird. Gegen Ende des Gedichts wird das Schicksal der Juden mit Dichterschicksal und Außenseitertum direkt in Verbindung gesetzt.[14] All dies führt zurück auf das Problem der Exemplarität des jüdischen Exils. Im 5. Buch Mose heißt es in der Bibelübersetzung Martin Luthers über das Volk Israel:

> Der Herr wird dich und deinen König, den du über dich gesetzt hast, treiben unter ein Volk, das du nicht kennest, noch deine Väter und wirst daselbst dienen andern Göttern, Holz und Steinen. Und wirst ein Scheusal und ein Sprichwort und Spott sein unter allen Völkern, da dich der Herr hingetrieben hat.[15]

In der Bibelübersetzung von Martin Buber und Franz Rosenzweig hingegen heißt es an dieser Stelle „Du wirst zu einem Staunen, zu Gleichnis und Witzwetzung, unter allen Völkern, wohin ER dich treibt."[16] In dieser Lesart ist bereits die Möglichkeit einer positiv konnotierten Exemplarität des jüdischen Exils angedeutet.[17] Eröffnet wird die Perspektive, die aus einer Leiderfahrung gestiftete Existenz des Exils umzudeuten in eine, die Gleichnischarakter hat, die exemplarisch und zum universellen Prinzip wird. Hierbei besteht die Paradoxie sowohl darin, dass universelle Werte im Rückgriff auf eine partikulare Identität konzipiert werden, als auch darin, dass eine

14 Hier sei auf den Exkurs über das ‚Schlemihltum' verwiesen (DHA III, S. 153–156), auf den an dieser Stelle nicht näher eingegangen werden kann. Es wird hier jüdisches Schlemihltum mit Dichterschicksal und Außenseitertum in Zusammenhang gebracht.

15 *Die Bibel oder die ganze Heilige Schrift des alten und neuen Testaments nach der deutschen Übersetzung Dr. Martin Luthers*, hrsg. v. Agentur der britischen und ausländischen Bibelgesellschaft. Cöln: Wilhelm Hassel 1867, S. 195.

16 *Die fünf Bücher der Weisung. Fünf Bücher des Moses*, verdeutscht von Martin Buber gemeinsam mit Franz Rosenzweig. Köln: Jakob Hegner 1968, S. 548.

17 Vgl. Liska: Exil und Exemplarität, S. 240.

Leidens- und Verfolgungsgeschichte umgewertet wird in eine Existenz, der Gleichnis- und Vorbildcharakter zukommt.[18]
In der Darstellung Jehuda ben Halevys als idealer Künstler wird die Leidensgeschichte in eine positive Existenz gewendet, die jedoch den Schmerz zum Prinzip der Dichtung macht. So wird Judentum zum Exempel für Künstlertum, für das Leiden am Zustand der Welt und den Verlust des Urzustands, den man schreibend zu überwinden sucht. Im weiteren Sinne kann hierin auch ein Gleichnis menschlicher Existenz gesehen werden. Eine Überwindung des Partikularen zeigt sich auch in der Vermischung der verschiedenen kulturellen Einflüsse, die Halevys Dichtung eigentümlich ist, ein Prinzip, das auch Heines Gedicht zugrunde liegt. Und doch werden das Leiden an der jüdischen Verfolgungsgeschichte sowie die jüdischen Traditionen in ihrer realen Singularität herausgestellt.[19] So oszilliert die Darstellung zwischen der Exzeptionalität der jüdischen Geschichte und dem universellen Anspruch des dargestellten Kunstverständnisses sowie dem Symbolcharakter des Jüdischen.

## IV. Die Tränenperlenkette des Jehuda ben Halevy

Im dritten Abschnitt des Gedichts geht es um das Kästchen des Darius, das Alexander der Große sich nach der Schlacht von Arabella erbeutet. Über 17 Strophen hinweg wird beschrieben, wie der Inhalt des Kästchens – kostbare Juwelen – nacheinander die Sieger der Geschichte schmückt. Zum Schluss verschließt Alexander die Schriften Homers in dem Kästchen. Nun wird dieser Siegerkette die Tränenperlenkette des Jehuda ben Halevy entgegengesetzt.

> Diese weltberühmten Perlen,
> Sie sind nur der bleiche Schleim
> Eines armen Austerthiers,
> Das im Meergrund blöde kränkelt:
>
> Doch die Perlen hier im Kästchen
> Sind entquollen einer schönen
> Menschenseele, die noch tiefer,
> Abgrundtiefer als das Weltmeer –

18 Vgl. Liska: Exil und Exemplarität, S. 242.

19 Ähnliches findet sich in Vivian Liskas Ausführungen zu Jacques Derrida, in dessen Schreiben sie den Ausdruck einer Denkfigur des jüdischen Exils sieht, „die das Jüdische als geschlossene Identitätskonstruktion verweigert und gleichzeitig dessen Geschichte des Leidens am Exil eingedenk bleibt.“ (Ebd., S. 252.)

Denn es sind die Thränenperlen
Des Jehuda ben Halevy,
Die er ob dem Untergang
Von Jerusalem geweinet –

Perlenthränen, die verbunden
Durch des Reimes goldnen Faden,
Aus der Dichtkunst güldnen Schmiede
Als ein Lied hervorgegangen. (DHA III, S. 146–147)

Durch „des Reimes güldnen Faden" verarbeitet Jehuda ben Halevy die Tränenperlen seines Gedenkens zu einer kostbaren Kette, die das lyrische Ich den Juwelen der Sieger vorzieht. So wird durch die Dichtung der Schmerz zu Schönheit, die gleichwohl die Leiderfahrung nicht vergessen machen kann.[20]
In der siebten seiner geschichtsphilosophischen Thesen heißt es bei Walter Benjamin:

> Wer immer bis zu diesem Tag den Sieg davontrug, der marschiert mit in dem Triumphzug, der die heute Herrschenden über die dahinführt, die heute am Boden liegen. Die Beute wird, wie das immer so üblich war, im Triumphzug mitgeführt. Man bezeichnet sie als die Kulturgüter. Sie werden im historischen Materialisten mit einem distanzierten Betrachter zu rechnen haben. Denn was er an Kulturgütern überblickt, das ist ihm samt und sonders von einer Abkunft, die er nicht ohne Grauen bedenken kann. Es dankt sein Dasein nicht nur der Mühen der großen Genien, die es geschafft haben, sondern auch der namenlosen Fron ihrer Zeitgenossen. Es ist niemals ein Dokument der Kultur, ohne zugleich ein solches der Barbarei zu sein. Und wie es selbst nicht frei ist von Barbarei, so ist es auch der Prozeß der Überlieferung nicht, in der es von einen an den andern gefallen ist.[21]

Der Kultur der Sieger steht in Heines *Jehuda ben Halevy* eine Kultur des Schmerzes gegenüber, den Perlen der offiziellen Geschichtsschreibung

20 Wenn auch dieser Gedanke hier nicht erschöpfend behandelt werden kann, sei dennoch kurz auf eine analoge Überlegung in Bezug auf eine andere Passage des Textes hingewiesen: Über Jehuda ben Halevy heißt es bereits zu Beginn des Gedichts, er sei „Absoluter Traumweltsherrscher / Mit der Geisterkönigskrone" (DHA III, S. 137). Hier wird die Geister- und Traumwelt gekoppelt mit den Begriffen der Macht. Diese scheinen zugleich die herkömmlichen Begriffe „Herrscher" und „Krone" zu konterkarieren, zu ironisieren und sie unheimlich zu machen. Ähnlich wie schon in Bezug auf Perlenkette und Minnesang findet gewissermaßen eine *Umwertung der Werte* statt. Auf der Gegenseite der offiziellen Geschichte bleiben nur die „Traumweltherrschaft" und die „Geisterkönigskrone". Diese erfahren jedoch in Heines Gedicht eine positive Konnotation.

21 Walter Benjamin: Über den Begriff der Geschichte. In: Ders.: *Gesammelte Schriften*, Bd. I.2, hrsg. v. Rolf Tiedemann / Hermann Schweppenhäuser. Frankfurt am Main: Suhrkamp 1978, S. 691–704, hier S. 696.

die Tränenperlen der Erinnerung Jehuda ben Halevys. Diese beiden Kulturen sind jedoch miteinander verwoben, sie bedingen einander. Die Perlen der Sieger sind immer auch „Beute", sie zeugen von der Gewalt gegen diejenigen, ohne deren „Fron" sie nicht existierten. Sie werden mitgeführt im sich fortsetzenden Triumphzug der Herrschenden und zeugen von ihrer barbarischen Abkunft. Auch die Tränenperlenkette des Jehuda ben Halevy zeugt von Barbarei, denn die Leiderfahrung der Vertreibung und Verfolgung der Opfer ist dieser Dichtung eingeschrieben. Heine selbst macht gleichsam mit seiner Dichtung die Tränenperlenkette ein Stückchen länger, zugleich thematisiert seine Dichtung die Barbarei einer Kultur der Herrschenden.

Die Tränenperlen des Jehuda ben Halevy entspringen zunächst einmal der spezifisch jüdischen Leiderfahrung der Vertreibung aus Jerusalem. Allerdings erscheint diese Tränenperlenkette hier nicht als eine genuin jüdische, sondern es stellt sich eher die Frage, inwieweit das Jüdische sich u.a. aus der Leiderfahrung heraus konstituiert. Damit steht auch die Frage im Raum, inwieweit Juden durch die oktroyierte Leidensgeschichte zu Juden gemacht werden, bedingt durch ein Denken in nationalen und territorialen Kategorien.

In einem Aufsatz von Christine Ivanović heißt es, Heine habe sein Werk „gezwungenermaßen einer Schmerzerfahrung verschrieben [...], die keineswegs nur als individuelle zu identifizieren ist."[22] Sie bezieht sich auf einen Rundfunkessay von Theodor W. Adorno zum hundertsten Todestag von Heine. Hierin heißt es zu Beginn:

> Wer im Ernst zum Gedächtnis Heines am hundertsten Tag seines Todes beitragen will und keine bloße Festrede halten, muß von einer Wunde sprechen; von dem, was an ihm schmerzt und seinem Verhältnis zur deutschen Tradition, und was zumal in Deutschland nach dem zweiten Krieg verdrängt ward. Sein Name ist ein Ärgernis, und nur wer dem ohne Schönfärberei sich stellt, kann hoffen weiterzuhelfen.[23]

22 Christine Ivanović: Die Wunde der Erinnerung. Zur Aktualität des Gedenkens. Heinrich Heine, Jehuda ben Halevi, Paul Celan. In: Dietmar Goldschnigg / Charlotte Grolleg-Edler / Peter Revers (Hrsg.): *Harry ... Heinrich ... Henry ... Heine. Deutscher, Jude, Europäer.* Berlin: Erich Schmidt 2008, S. 345–360, hier S. 358.

23 Theodor W. Adorno: Die Wunde Heine. In: Ders.: *Gesammelte Schriften*, hrsg. v. Rolf Tiedemann unter Mitwirkung von Gretel Adorno / Susan Buck-Morss / Klaus Schulz. Bd. 11: Noten zur Literatur. Frankfurt am Main: Suhrkamp 1990, S. 95–100, hier S. 95.

Wenn der Name Heine zum „Ärgernis“ wird, dann darum, weil Heine den Blick nicht abwendet von der Schmerzerfahrung, von der Schattenseite der Geschichte, von den Opfern, von der Gewalt, die mit nationaler Identitätsbildung und -politik oftmals einhergeht. Ivanović schreibt: „Kulturgeschichte wird oft als Geschichte der Schmerzvermeidung geschrieben; gerade im Schmerz aber setzt sich der Mensch zu sich selbst ins Verhältnis.“[24] In der *Genealogie der Moral* heißt es bei Nietzsche „Man brennt Etwas ein, damit es im Gedächtnis bleibt: nur was nicht aufhört, weh zu tun, bleibt im Gedächtnis.“[25] Die Wunde, die nicht heilt, formiert das kulturelle Gewissen. Heine legt mit seiner Dichtung den Finger in diese Wunde, er ist diese Wunde selbst. Das Schreiben als Finger-in-die-Wunde-Legen ist hierbei paradoxerweise immer auch der Versuch einer Emanzipation. In dem Bestreben jedoch, den Schmerz zu vermeiden und die Schuld zu verdrängen, liegt der Keim zur Verfolgung und zu neuer Schuld: Aus dieser Perspektive soll das, was schmerzt, vernichtet werden. Von den Pogromen, die bei Heine thematisiert werden, bis zur „Endlösung“ sei es kein weiter Schritt.[26] Wenn der Dichter Jehuda ben Halevy bei Heine zum Exempel einer Dichtung des Leidens wird, so bedeutet dies auch eine Absage an die kulturelle Schmerzvermeidung. Es ist das Erinnern der Wunde und die Auseinandersetzung mit dem, was vielen „Ärgernis“ ist, das in dieser Dichtung zum Ausdruck kommt, einer Dichtung, die nicht vergessen kann.

## V. Fazit

In der Würdigung Jehuda Halevys und in seinem Exemplarisch-Werden als Dichter vollzieht sich in Heines Gedicht das Universell-Werden des jüdischen Exils. In der Möglichkeit der Gleichnishaftigkeit und den Prinzipien der Universalität entzieht sich die Darstellung des jüdischen Exils somit der einfachen nationalen Kategorisierung. Zugleich aber spielen Jehuda ben Halevys Religiosität und die spezifisch jüdische Geschichte eine große Rolle in Heines Gedicht. Die Singularität jüdischer (Leidens-)Geschichte und die Gleichnishaftigkeit des jüdischen Exils stehen in *Jehuda ben Halevy* nebeneinander.

24 Ivanović: Die Wunde der Erinnerung, S. 357.

25 Friedrich Nietzsche: Zur Genealogie der Moral. In: Ders.: *Kritische Gesamtausgabe*, hrsg. v. Giorgio Colli / Mazzino Montinari. Bd. 6.2: Jenseits von Gut und Böse. Zur Genealogie der Moral. Berlin: De Gruyter 1968, S. 257–430, hier S. 311.

26 Vgl. Ivanovic: Die Wunde der Erinnerung, S. 358.

Jüdisches Exil wird hier auch zum allgemeinen Symbol des Leidens und Halevys Jerusalemlyrik zum Exempel einer Dichtung des Leids. Die Auseinandersetzung mit dem Jüdischen ist niemals eine orthodoxe oder findet im Sinne einer einfachen Identifikation statt. Stattdessen wird ein Begriff des Jüdischen konzipiert, der gleichsam den nationalen Identitätsbegriff ad absurdum führt. Das Jüdische erscheint hier als gleichnishaft und insofern als nicht mit sich selbst identisch, es öffnet sich dem Prinzip der Universalität und wird doch in seiner realen Singularität und Partikularität in Heines Gedicht immer wieder herausgestellt.

Die Paradoxien des jüdischen Exils im Spannungsfeld von Schmerz und Identität, Partikularität und Gleichnishaftigkeit liegen letztlich auch in einer Welt begründet, die von Nationalismus und Barbarei geprägt ist. Adorno schreibt: „Die Wunde Heine wird sich schließen erst in einer Gesellschaft, welche die Versöhnung vollbrachte."[27] In Heines *Jehuda ben Halevy* wird das Denken in Kategorien geschlossener Gemeinschaften und homogener Kulturen problematisch. Zugleich verweist das Prinzip jüdischer Universalität auf ein Partikulares. Der Dichtung bleibt die Singularität der Schmerzerfahrung eingeschrieben. So kann in Heines Dichtung der Versuch einer Emanzipation gesehen werden, der in der Dichtung und durch die Dichtung eine Ahnung davon gibt, wie es sein könnte.

27 Adorno: Die Wunde Heine, S. 100.

# III.
# Verwerfungen, Entgrenzungen, Übersetzungen

# Europa jenseits der Nationalstaaten
# Der Flüchtling bei Hannah Arendt und Giorgio Agamben

Eleonore Schmitt

> Ich bin nicht geboren. Mama hat mich geworfen, eh sie starb. Mein Vaterhaus ist eine Bahnstation. Ich habe keinen Paß. Kontrabande. Schub. Der Wahrheit die Ehre, ich habe nirgends optiert.
> Ich sehe oft Menschen, die sich küssen. Bei Demonstrationen rufen sie Heil und Nieder. Mich faßt ein Neid, denn nicht einmal zu denen, die verrecken sollen, gehöre ich. Ich bin ein Findling der ganzen Erde. Jeder Schotterstein blickt mich überheblich an, da er eine Zuständigkeit besitzt.
> Wirklich, mir bleibt nur Gott übrig, in dem auch ich zu Hause bin.
> (Will ich heiraten, haperts mit dem Papier.)
> Bin ich ein Ausnahmefall? Bin ich ein Mensch?[1]
> (Franz Werfel: *Der Staatenlose*)

Das Exil stellt Identität in Frage: Der Exilant begegnet Fremdem, das Eigene wird ihm fremd, so dass Eigenes und Fremdes zunehmend verwischen. Exil, Krieg und Vertreibung haben in der politischen Philosophie Figuren des Flüchtlings und des Staatenlosen[2] bedeutsam gemacht, die im Folgenden beschrieben werden sollen. In der neueren politischen Philosophie sind diese Figuren zum Ausgangspunkt von Überlegungen zu einem neuen Europa, zum Denken von Globalisierung genommen worden. Giorgio Agamben nutzt die von Hannah Arendt beschriebene Figur des Flüchtlings, um ein neues Europa zu beschreiben: ein Europa jenseits der Nationalstaaten.

1 Franz Werfel: Der Staatenlose. In: Ders.: *Gesammelte Werke. Zwischen Oben und Unten. Prosa, Tagebücher, Aphorismen, Literarische Nachträge*, hrsg. v. Adolf D. Klarmann. München: Langen Müller 1975, S. 788.

2 Die Begriffe Staatenloser und Flüchtling werden im Folgenden synonym gebraucht, auch wenn sie, wie strenggenommen alle Synonyme, nicht völlig bedeutungsgleich sind. Siehe dazu: Giorgio Agamben: Jenseits der Menschenrechte. In: Ders.: *Mittel ohne Zweck. Noten zur Politik*. Freiburg / Berlin: Diaphanes 2001, S. 23–32, hier S. 24–25.

## I.

Franz Werfel beginnt seinen Text „Der Staatenlose" mit der Frage nach Ursprung und Herkunft: Der Staatenlose wird nicht geboren, sondern in die Welt geworfen. Damit wird der Unterschied zwischen geboren und geworfen verdeutlicht: Im Gegensatz zu Menschen werden Tiere geworfen, nicht geboren. Der Staatenlose wird somit schon zu Beginn des Textes als jemand gezeigt, der aus der Gemeinschaft der Menschen ausgeschlossen ist. Er ist das ‚nackte Leben', und wird damit auf eine Stufe mit Tieren, etwa einem „Wurf Welpen" gestellt. Für sein Dasein ist außerdem seine Ursprungs- und Ortslosigkeit von Bedeutung, denn seine Mutter ist gestorben, das Vaterhaus ist eine Bahnstation. Ein Ort also, den man aufsucht, um von dort aus ab- und weiterzureisen: Eine Durchgangsstation.

Der Text „Der Staatenlose" wirkt atemlos: Er ist geprägt von kurzen, assoziativ aneinandergereihten Sätzen, die immer eine neue Facette des Staatenlosen zeigen, aus denen sich aber kein eindeutiges Bild von ihm ergibt. Der Staatenlose wird nur *ex negativo* beschrieben – ein Mann ohne Eigenschaften. Den zentralen Mangel figuriert seine Staatenlosigkeit, die ihren Ausdruck in der Passlosigkeit des Staatenlosen findet. Er hat somit keine Identität und keine Legitimität. Legitimität ist vom lat. *legitimus* abgeleitet, welches ‚gemäß dem Gesetz' bedeutet, der Staatenlose steht somit außerhalb des Gesetzes. Seine Illegitimität ergibt sich nicht nur durch die Passlosigkeit, der Staatenlose bezeichnet sich zudem als Kontrabande. Dieser Begriff für Schmuggelgut leitet sich vom lateinischen Ausdruck *contra bannum* ab, der mit ‚gegen den Erlass' übersetzt werden kann.[3] Der Staatenlose existiert, obwohl er es von Gesetz wegen nicht dürfte. Somit bleibt er immer aus der Gemeinschaft ausgeschlossen und kann keine Verbindungen (z. B. eine Heirat) eingehen. Der Staatenlose hat keine Zuständigkeit.

Dem Staatenlosen fehlt jegliche Aufgabe, ganz im Gegensatz zum Schotterstein, den der Staatenlose um seine Zuständigkeit beneidet. Damit werden die normalen Verhältnisse verkehrt: Der Schotterstein wird personifiziert, er hat eine Zuständigkeit und ist offenbar handlungsfähig, denn er kann blicken. Durch seinen überheblichen Blick lässt er den Staatenlosen zum Objekt werden. Person und Gegenstand haben ihre Rollen getauscht. Nur Gott bleibt dem Staatenlosen

3 Vgl. Friedrich Kluge: *Etymologisches Wörterbuch der Deutschen Sprache*, bearb. v. Elmar Seebold. 24. durchges. u. erw. Aufl. Berlin: De Gruyter 2002, S. 524.

als Heimat – aber eine Identität kann er ihm nicht geben. Eine Heirat und in Folge dessen eine legitime Fortpflanzung bleiben dem Staatenlosen verwehrt.

Mit den Schlaglichtern, die auf den Staatenlosen geworfen werden, wird deutlich, wie sehr ihm das Mensch-Sein grundlegend abgesprochen wird: Er ist wie ein Tier in die Welt geworfen, ohne Ursprung, ohne Ort, ohne Identität, ohne Staatsangehörigkeit, ohne Legitimität, ohne Zugehörigkeit zu irgendeiner Gemeinschaft und ohne Zuständigkeit und Handlungsfähigkeit. Wie sich ein Negativ zum Foto verhält, scheint sich der Staatenlose zum Menschen zu verhalten, zumindest aus der Sicht von Politik und Gesetz. Somit stellt der Staatenlose Politik und Gesetz wiederum selbst in Frage, er wird somit zur Modellfigur modernen politischen Denkens.

Der Text „Der Staatenlose“ endet mit zwei zentralen Fragen: Ist der Staatenlose ein Ausnahmefall? Ist er ein Mensch? Um diesen Fragen auf den Grund zu gehen, werden nun philosophische Überlegungen zum Flüchtling herangezogen.

## II.

Hannah Arendt beschäftigt sich 1943 in ihrem Essay „We refugees“ mit dem Selbstverständnis politischer Flüchtlinge am Beispiel der Juden. Als Jüdin musste Arendt 1933 aus Deutschland fliehen und wurde 1937 für staatenlos erklärt. Arendt überblendet in ihrem Essay die Figur des Juden und die Figur des Flüchtlings, denn beide Figuren sind durch ihre Boden- und Identitätslosigkeit gezeichnet. In ihrem Essay ist die Identitätslosigkeit der Flüchtlinge zentrales Motiv der Reflexion. Identitätslosigkeit ist auch ein zentrales Merkmal der Figur des Juden, dies will Arendt mit einer Geschichte belegen, welche sie als die wahre Geschichte jüdischer Emigration aus Deutschland ankündigt. Sie erzählt die Geschichte eines Mr. Cohn: Dieser ist Jude, lebt in Berlin und hat sich schon immer zu hundertfünfzig Prozent als Deutscher gefühlt. 1933 muss Mr. Cohn jedoch nach Prag fliehen – er wird tschechischer Patriot, und zwar so wahrhaftig wie er zuvor ein deutscher war. Als 1937 die jüdischen Flüchtlinge aus Tschechien vertrieben werden, geht Mr. Cohn nach Wien – und auch hier steht er dem Patriotismus der Österreicher in nichts nach. Später identifiziert er sich so sehr mit Frankreich, das er meint, sich auf

‚seinen' Vorfahren Vercingetorix berufen zu können.[4] Mr. Cohn ist wie der Staatenlose in Werfels Text nie Teil der Gesellschaft, in der er lebt. Er darf Vercingetorix nicht einfach zu seinem Vorfahren erklären, genauso wie er nicht beschließen kann, Deutscher, Österreicher oder Franzose zu sein.

Der Flüchtling hat keine Identität, weil er formal keine Staatsangehörigkeit besitzt, aber die Umstände zwingen ihn dazu, viele Identitäten anzunehmen: „Our identity is changed so frequently that nobody can find out who we actually are"[5], konstatiert Arendt und zeigt die ständigen Identitätswechsel auf: Die deutschen Juden, die nach Frankreich flohen, waren für die Franzosen natürlich Deutsche, sie sprachen schließlich Deutsch, obwohl die Juden selbst sich längst als Franzosen gesehen haben. Dieser Status änderte sich, als Frankreich von den Deutschen erobert wurde: Jetzt waren sie nichts als Juden. In Los Angeles gehörten die Juden zu den *enemy aliens*, den feindlichen Ausländern, da sie aus Europa geflohen waren, und sie selbst wollten längst keine Franzosen mehr sein, sondern als Amerikaner anerkannt werden.[6] Die Juden wären laut Arendt perfekte Patrioten, wenn es dem Patriotismus darum ginge, möglichst geübt und routiniert darin zu sein, nationalstaatliche Identitäten anzunehmen. Aber so funktioniere Patriotismus nicht; je mehr der Flüchtling versuche, einer von den anderen zu sein, desto offenkundiger werde seine Fremdheit. Dennoch versuche der Flüchtling mit aller Macht, Teil des Nationalstaats zu werden, obwohl er längst begriffen habe, dass er zum Scheitern verurteilt sei.[7]

Um dieses paradoxe Handeln erklären zu können, muss zunächst das Konzept des Nationalstaats erläutert werden. Nationalstaaten sind die zentrale Ordnungskategorie der Moderne: In ihrer Logik hat jede Nation ein Hoheitsgebiet – und genau aufgrund dieser Logik werden Menschen zu Flüchtlingen und Minderheiten gemacht, die

4 Vgl. Hannah Arendt: We refugees [1943]. In: Marc Robinson (Hrsg.): *Altogether Elsewhere. Writers on Exile.* Boston / London: Faber and Faber 1994, S. 110–119, hier S. 116.

5 Arendt: We refugees, S. 116–117.

6 Vgl. Arendt: We refugees, S. 115–116. Zum Fremdbild der Juden siehe auch Dan Diner: Geschichte der Juden. Paradigma einer Europäischen Historie. In: Daniel Weidner (Hrsg.): *Figuren des Europäischen. Kulturgeschichtliche Perspektiven.* München: Fink 2006, S. 259–274, hier S. 271.

7 Vgl. Arendt: We refugees, S. 117–118.

dann den Nationalstaat selbst in Frage stellen. Zum Nationalstaat gehört man durch die Geburt (vgl. lat. *natio* Abstammung, Geburt) Aus dieser gemeinsamen Abstammung leitet sich die Souveränität gegenüber anderen Nationen ab.[8] Zur Abstammung gehört auch eine gemeinsame, identitätsstiftende Geschichte. Darauf spielt Arendt an, wenn sie Mr. Cohn, den Mann mit den unzähligen Vaterländern, sich mit Vercingetorix auf einen sagenumwobenen Topos der französischen Geschichte berufen lässt. Die „Dreieinigkeit von Staat-Nation-Territorium"[9] gibt die Erklärung für das paradoxe Verhalten des Flüchtlings: Würde er nicht mehr versuchen, zu der Gesellschaft dazuzugehören, würde dies bedeuten, nichts als ein Mensch zu sein, wie Hannah Arendt feststellt: „If we should start telling the truth that we are nothing but Jews, it would mean that we expose ourselves to the fate of human beings who, unprotected by any specific law or political convention, are nothing but human beings."[10] Jude zu sein bedeute, nichts als ein Mensch zu sein. Aber kein Nationalstaat kann – aufgrund seines Selbstverständnisses – einem Menschen Rechte gewähren, der nichts weiter ist als ein Mensch. Zwar gibt es die so genannten „Menschenrechte", aber diese kann ein Staat nur jemandem garantieren, der eben mehr als nur ein Mensch, nämlich *Bürger* eines Staates ist.

Um diese Problematik näher zu erläutern, ziehe ich im Folgenden den Essay „Jenseits der Menschenrechte" von Giorgio Agamben hinzu. In ihm zeigt Agamben, wie der Flüchtling als Mensch ohne politische Dimension die Prinzipien des Nationalstaats infrage stellt.

Bereits in seinen vorausgehenden Publikationen ist der Aspekt des ‚nackten Lebens' für Agamben zentral: In seiner vierbändigen Abhandlung *Homo sacer* greift er Carl Schmitts Definition des Souveräns („Souverän ist, wer über den Ausnahmezustand entscheidet"[11]) auf. Souveränität besteht damit vor allem aus der Macht, eine politische Ordnung auszusetzen. Indem der Ausnahmezustand verhängt wird, wird das geltende Recht suspendiert und gleichzeitig neues geschaffen. Die Ausnahme konstituiert also erst den Regelfall.[12] In

8 Vgl. Agamben: Jenseits der Menschenrechte, S. 26–27.

9 Ebd., S. 30.

10 Arendt: We refugees, S. 118.

11 Carl Schmitt: *Politische Theologie. Vier Kapitel zur Lehre von der Souveränität* [1922]. Berlin: Duncker & Humblot 1993, S. 13.

12 Vgl. Eva Geulen: *Giorgio Agamben zur Einführung*. Hamburg: Junius 2009, S. 67ff.

*Homo sacer* zeigt Agamben, wie in dieser Logik das ‚nackte Leben' im Ausnahmezustand entsteht. Dabei verweist bereits der Titel *Homo sacer* auf den Ausnahmezustand: Als *homo sacer* galt im alten Rom ein Mensch, der zwar getötet, aber nicht den Göttern geopfert werden konnte. Somit war er vom weltlichen und göttlichen Recht ausgenommen, er stellte nur noch das ‚nackte Leben' dar.[13] In „Jenseits der Menschenrechte" weist Agamben darauf hin, dass die Problematik der Menschenrechte sich bereits in der französischen Originalüberschrift der *Allgemeinen Erklärung der Menschenrechte* spiegelt: *Déclaration des droits de l'homme et du citoyen*. Hier bleibt unklar, „ob die beiden Begriffe verschiedene Realitäten benennen oder ob sie nicht vielmehr ein Hendiadyoin bilden, jene rhetorische Figur, in der der erste Begriff in Wahrheit immer schon im zweiten enthalten ist."[14]

Der Mensch muss also erst politisiert werden, damit er für den Staat erfassbar werden kann. Die Aufteilung des Menschen in eine politische und eine natürliche Sphäre geht auf die Antike zurück: Aristoteles begriff den Menschen als *zoon politikon* (ζῷον πολιτικόν), als politisches Wesen. Das Leben teilte sich in die Bereiche des *oikos* (οἶκος) und der *polis* (πόλις) auf. Im *oikos* fand das biologische Leben statt, Ernährung und Fortpflanzung, alles, was zum Erhalt des Lebens notwendig ist. Die *polis* war der Bereich des politischen, gemeinschaftlichen Lebens. Die *polis* hat keinen Zugriff auf den Bereich des *oikos*; dies kann erst dann geschehen, wenn der Mensch in eine politische Dimension gehoben, zum Bürger wird.[15]

Arendt greift diese Aufteilung auf, wenn sie in ihrer Abhandlung *Vita activa oder Vom tätigen Leben* die drei menschlichen Grundtätigkeiten Arbeiten, Herstellen und Handeln den beiden Bereichen zuordnet. Dabei zählt nur das Handeln zur *polis*, Arbeiten und Herstellen dagegen zum *oikos*, da diese nur zum Erhalt des Lebens dienen. Allein das Handeln, zu dem sie auch das Sprechen zählt,[16] ist für Arendt eine

13 Vgl. Giorgio Agamben: *Homo sacer. Die souveräne Macht und das nackte Leben* [1995], aus d. Ital. v. Hubert Thüring. Frankfurt am Main: Suhrkamp 2002, S. 21–22; vgl. Geulen: *Agamben zur Einführung*, S. 9–12.

14 Agamben: Jenseits der Menschenrechte, S. 27.

15 Vgl. Geulen: *Agamben zur Einführung*, S. 93–94.

16 Dies begründet sie damit, dass sowohl für das Sprechen als auch für das Handeln Gleichheit und Verschiedenheit grundsätzlich sind: Ohne Gleichartigkeit gäbe es keine Verständigung, ohne Verschiedenheit bedürfte es keiner Verständigung, da jeder die gleichen Bedürfnisse hätte. Vgl. Hannah Arendt: *Vita activa oder vom tätigen Leben* [1958]. Stuttgart: Kohlhammer 1960, S. 164. Unabhängig davon wird der

menschliche Eigenschaft, da sich mit ihm die Pluralität des Menschen zeigt und die Menschen sich somit aktiv voneinander unterscheiden können. Arbeiten und Herstellen zählt sie auch deswegen nicht dazu, weil ein Mensch, sobald er in einer Gemeinschaft lebt, nicht mehr des Arbeitens und Herstellens bedarf, um zu überleben.[17] Der handelnde Mensch ist Teil der Gesellschaft: „Sprechend und handelnd schalten wir uns in die Welt der Menschen ein [...] und diese Einschaltung ist wie eine zweite Geburt, in der wir die nackte Tatsache des Geborenseins bestätigen, gleichsam die Verantwortung dafür auf uns nehmen."[18] Der Staatenlose steht aber außerhalb der Gesellschaft und ist nicht handlungsfähig: Dies ist bereits in „Der Staatenlose" von Werfel angeklungen, wo Subjekt und Objekt die Rollen tauschten.

Nur der handelnde Mensch kann am Recht teilhaben, weil er in die Gesellschaft eingeschrieben ist. Rechte sind stets gegenseitig garantierte Rechte, denn „[a]ls Gleiche sind wir nicht geboren, Gleiche werden wir als Mitglieder einer Gruppe erst kraft unserer Entscheidung, uns gegenseitig gleiche Rechte zu garantieren"[19], schreibt Arendt. Die Gleichheit der Bürger sei eine gegenseitig garantierte Gleichheit: Menschen seien nicht gleich, Bürger schon. Auch hier bedürfe es einer zweiten Geburt als Staatsbürger, um Gleichheit und Rechte zu erfahren, denn die physische Geburt allein gewähre dem Menschen keine Freiheit und kein Recht.[20]

Diese Logik spiegelt sich in jeder Staatsordnung: Kein Mensch hat von Geburt an das Recht auf Berufsfreiheit – er hat es erst, wenn es ihm ein Gesetz einräumt, das von einem Staat beschlossen wurde, dessen Bürger er ist.[21] Hannah Arendt spricht hier von den Aporien

Sprache seit der Sprechakttheorie ein Handlungswert zugesprochen. Siehe dazu John Searle: *Sprechakte. Ein sprachphilosophisches Essay* [1969], aus d. Engl. v. Renate Wiggershaus / Rolf Wiggershaus. Frankfurt am Main: Suhrkamp 2003.

17 Vgl. Arendt: *Vita activa*, S. 165. Dazu auch Jürgen Hartmann / Bernd Meyer: *Einführung in die politischen Theorien der Gegenwart.* Wiesbaden: Verlag für Sozialwissenschaften 2005, S. 76ff.

18 Arendt: *Vita activa*, S. 165.

19 Hannah Arendt: Es gibt nur ein einziges Menschenrecht. In: *Die Wandlung* 4,8 (1949), S. 754–770, hier S. 764.

20 Vgl. Karl-Heinz Breier: *Hannah Arendt zur Einführung.* Hamburg: Junius 1992, S. 108ff. Vgl. Heiner Bielefeldt: *Wiedergewinnung des Politischen. Eine Einführung in Hannah Arendts politisches Denken.* Würzburg: Königshausen & Neumann 1993, S. 27–28.

21 Vgl. Christoph Menke: Die „Aporien der Menschenrechte" und das „einzige Menschenrecht". Zur Einheit von Hannah Arendts Argumentation. In: Eva Geulen

(‚Ausweglosigkeit') der Menschenrechte: Sie setzen voraus, dass Menschen Mitglieder einer Gemeinschaft sind, und genau das trifft auf den Flüchtling nicht zu.[22] Agamben weist darauf hin, dass sich dieser Logik auch die Nationalsozialisten bedienten: „Eine der wenigen Regeln, an die sich die Nazis im Lauf der ‚Endlösung' durchgehend hielten, bestand darin, dass die Juden und Zigeuner erst in die Vernichtungslager geschickt wurden, nachdem man ihnen jede Staatsangehörigkeit vollständig aberkannt hatte".[23] Die Nationalsozialisten schlossen sie aus der Rechtsnorm aus und machten sie somit zu *homines sacri*, zu Vogelfreien, die jederzeit getötet werden konnten. Hannah Arendt leitet aus den Aporien der Menschenrechte das einzig mögliche Menschenrecht ab: Das Recht, Rechte zu haben. Auf diese Weise könnten die beschriebenen Aporien der Menschenrechte umgangen werden und jeder/m das Recht, „einem politischen Gemeinwesen zuzugehören"[24], garantiert werden.[25]

## III.

Zurück zu den Fragen, die hier, ausgehend von Werfels Schilderung des Staatenlosen, aufgeworfen wurden: Ist der Flüchtling ein Ausnahmefall? Ist er ein Mensch? Ein Ausnahmefall ist er in der Hinsicht, als dass er aus dem Modell Nationalstaat ausgenommen ist. Er ist außerdem vom Gesetz ausgenommen, von allem, was ihn in die politische Dimension des Bürgers heben würde. Er ist nicht lokalisierbar. Agamben leitet daraus „das Lager als nómos der Moderne"[26] ab: „Das Lager ist der Raum, der sich öffnet, wenn der Ausnahmezustand zur Regel zu werden beginnt."[27] Dem Flüchtling werde außerhalb der Gesellschaft ein Ort zugeschrieben, und zwar auf unbegrenzte Dauer. Der Ausnahmezustand des Flüchtlings werde somit zur Regel, er könne nicht mehr Teil der Gesellschaft werden.[28] Agamben spielt auch hier auf Carl Schmitt an, wenn er vom Lager als

(Hrsg.): *Hannah Arendt und Giorgio Agamben. Parallelen, Perspektiven, Kontroversen*. Paderborn: Fink 2009, S. 131–148, hier S. 133–134.

22 Vgl. Menke: Zur Einheit von Hannah Arendts Argumentation, S. 136.

23 Agamben: Jenseits der Menschenrechte, S. 29.

24 Arendt: Es gibt nur ein einziges Menschenrecht, S. 770.

25 Breier: *Arendt zur Einführung*, S. 109–110.

26 Agamben: *Homo sacer*, S. 175.

27 Ebd., S. 177.

28 Vgl. Geulen: *Agamben zur Einführung*, S. 106–107.

„nómos" spricht. Schmitt leitet in seiner Schrift *Der Nomos der Erde im Völkerrecht des Jus Publicum Europaeum* die Grundlage jedes Rechts aus dem Boden ab. Dies führt Schmitt darauf zurück, dass nomos (νομος) je nach Position des Akzents sowohl Gebiet (νομός) als auch Gesetz (νόμος) bedeuten könne, die Ordnung und die Ortung seien somit die Komponenten, die den nomos konstituieren. Indem der Ausnahmezustand in der globalisierten Welt, die Agamben beschreibt, keine zeitliche Begrenzung erfährt, wird er zum Normalzustand: „Der Ausnahmezustand, der im wesentlichen eine zeitliche Aufhebung der Rechtsordnung war, wird nun eine stabile räumliche Einrichtung, in der jenes nackte Leben wohnt, das im wachsenden Maß nicht mehr in die Ordnung eingeschrieben werden kann."[29] Agamben bezeichnet das Lager als „Ortung ohne Ordnung"[30], einen Ort also außerhalb der normalen Ordnung.[31] Es sei deswegen jedoch nicht völlig von der normalen Ordnung abzukoppeln, vielmehr sei es „eingeschlossen mittels seiner eigenen Ausschließung"[32]: In dem Moment, in dem der Ausnahmezustand permanent wird, werde er Teil der Ordnung. Das Lager stellt somit im Foucault'schen Sinn eine Heterotopie dar. Es ist ein Ort, der aus der Gesellschaft ausgelagert ist, aber dennoch zu ihr gehört.[33]

Ist der Staatenlose ein Mensch? Er ist nur *zoon*, nicht *zoon politikon*. Er ist nämlich nur das ‚nackte Leben', ist wie ein Tier in die Welt geworfen. Die Geburt, die Einschreibung in die Gesellschaft, in das ‚angezogene Leben' bleibt aus. Hier stellt sich die zentrale Frage, ob es den Menschen als ‚nacktes Leben' allein überhaupt geben kann oder ob das ‚nackte Leben' erst im Nachhinein vom Status des *zoon politikon* aus konstruiert wird. Daran anschließend stellen sich weitere Fragen: Kann der Mensch ohne politische Dimension, also als ‚nacktes Leben', dann noch als Mensch behandelt werden? Wie kann unter solchen Voraussetzungen Identität entstehen? Sind Menschenrechte nicht doch immer schon Bürgerrechte? Wie könnte man staatenlosen Flüchtlingen Rechte garantieren?

29 Agamben: *Homo sacer*, S. 184–185.

30 Ebd., S. 185.

31 Vgl. ebd., S. 177ff.; Geulen: *Agamben zur Einführung*, S. 71–72, 95–98.

32 Vgl. Agamben: *Homo sacer*, S. 179.

33 Michel Foucault: Andere Räume [1967]. In: Karlheinz Barck (Hrsg.): *Aisthesis. Wahrnehmung heute oder Perspektiven einer anderen Ästhetik. Essais*. Leipzig: Reclam 1993, S. 34–46, hier S. 39.

## IV.

Die Unmöglichkeit, ein Mensch ohne politische Dimension zu sein, zeigt auch Hannah Arendt auf: Die Flüchtlinge sind ihr zufolge geprägt von dem Verlangen, ‚jemand sein zu wollen'. Sie wollen nicht nur als Menschen dastehen, die Hilfe benötigen, sondern jemand Besonderes sein und berufen sich deshalb auf die längst verlorene Vergangenheit. Die Flüchtlinge wollen nicht nackt vor der Gesellschaft stehen, sondern irgendeinen Status erlangen, um sich in die Gesellschaft einbinden zu können. Das Verlangen ‚jemand sein zu wollen' ist wie der Versuch, die zweite Geburt, die Einschreibung in eine Gesellschaft, nachzuholen – aber das ist im Nationalstaat nicht vorgesehen.[34]

Was ist aber die Alternative zum Nationalstaat? Agamben versucht, mit seinen Reflexionen eine Antwort auf diese Frage zu finden: Ein neues Europa soll das Dilemma des Flüchtlings lösen. Agamben fordert, die vom Flüchtling bereits infrage gestellte „Dreieinigkeit von Staat-Nation-Territorium"[35] aufzugeben: „Anstatt zweier, durch umstrittene und drohende Grenzen voneinander getrennter nationaler Staaten ließen sich auch zwei politische Gemeinschaften vorstellen, die auf ein und demselben Gebiet bestehen, im Exodus die eine in der anderen, über eine Reihe Extraterritorialitäten ineinander verschränkt."[36] Agamben fordert ein Europa jenseits der Nationalstaaten, weil ein Europa der Nationalstaaten das bloße Leben nicht schützt, sondern im Gegenteil nur menschenverachtende Lager hervorbringt.[37] Die Loslösung von Staat, Nation und Territorium hebt dabei auf einen neuen Rechtsbegriff ab, der unabhängig vom Boden ist. Deshalb entwirft Agamben ein Europakonzept, in dem sich die Nationen überlagern, also keinen Anspruch mehr auf ein Territorium erheben. Ein Blick auf die Geschichte Europas zeigt, dass Europa

34 Vgl. Arendt: We refugees, S. 114–115. Auch hier lässt sich ein Bogen zum Handeln und Sprechen schlagen. Erst darin zeigt sich die Persönlichkeit, die Einzigartigkeit eines Menschen: „Handelnd und sprechend offenbaren die Menschen jeweils, wer sie sind, zeigen aktiv die personale Einzigartigkeit ihres Wesens" (Arendt: *Vita activa*, S. 169); dazu auch Dirk Sowalder: *Hannah Arendts Analyse totalitärer Herrschaft. Eruierung zentraler politisch-theoretischer Topoi im Verhältnis der Schriften „Elemente und Ursprünge totaler Herrschaft" und „Vita activa"*. Duisburg: UD 2000, S. 43.

35 Agamben: Jenseits der Menschenrechte, S. 30.

36 Ebd., S. 31.

37 Vgl. ebd., S. 30.

nicht das Abstammungsprinzip des Nationalstaats zur Grundlage hat: Der Nationalstaat sucht seinen Ursprung in sich und ist bemüht, die gemeinsame Geschichte immer weiter zurückzuverfolgen. Dies gelingt bei Europa allerdings nicht; betrachtet man den Entstehungsmythos des Kontinents, stellt man fest, dass „Europa keine andere als eine exzentrische Identität ist“[38]: Die Namensgeberin des Erdteils ist eine Phönizierin, die von Zeus, getarnt als Stier, entführt wird nach Europa, das erst mit ihr seinen Namen erhält. Europas Ursprung liegt in Asien, hier scheitert das Prinzip der gemeinsamen Abstammung, um sich von anderen Staaten abzugrenzen und Identität zu stiften.[39]

Dieses Prinzip scheitert auch in Werfels Text über den Staatenlosen: „Ich bin nicht geboren. Mama warf mich, bevor sie starb. Mein Vaterhaus ist eine Bahnstation.“[40] Ohne Ursprung stellt der Staatenlose das ‚nackte Leben‘ dar, das sich nicht über eine zweite Geburt in die Gesellschaft einreihen kann. Er bleibt stets außen vor und ist somit ein ewiger Exilant. Ausgeschlossen aus der Gesellschaft zweifelt er an seinem Menschsein. Ihm fehlt die politische Dimension des Bürgers, er ist somit nicht handlungsfähig und hat keinerlei Rechte.

Werfel und Arendt beschreiben die Figur des Flüchtlings als Mensch, der ohne politische Dimension nicht mehr als Mensch wahrgenommen wird. Arendt und Agamben fragen außerdem nach den Konsequenzen, die sich aus der Figur des Flüchtlings für die Menschenrechte ziehen lassen. Es zeigt sich, dass diese für die Flüchtlinge nicht greifen können, da sie aus der Perspektive des Nationalstaats gedacht werden. Statt das Dilemma des Flüchtlings zu lösen, wird der Ausnahmezustand des Flüchtlings ewig, indem Lager errichtet werden und den Flüchtlingen somit ein Ort außerhalb der Gesellschaft zugeschrieben wird.

38 Rémi Brague: *Europa. Eine exzentrische Identität*, aus d. Franz. v. Gennaro Ghirardelli. Frankfurt am Main / New York / Paris: Campus 1993, S. 108. Rémi Brague bezieht sich dabei nicht nur auf den Entstehungsmythos des Kontinents. Auch wenn man die Ursprünge Europas in der römischen Kultur sucht, zeigt sich die exzentrische Identität Europas: Die römische Kultur entstand aus der griechischen, die Griechen selbst sahen sich als Erben der Barbaren (vgl. ebd., S. 80–85).

39 Gegen eine Identitätsstiftung durch Geschichte spricht sich auch Diana Pinto aus. Vgl. Diana Pinto: Europa – ein jüdischer Ort. In: *Menora. Jahrbuch für deutsch-jüdische Geschichte* 10 (1999), S. 15–34, hier S. 31–32.

40 Werfel: Der Staatenlose, S. 788.

Arendt und Agamben zeigen einen Ausweg: das Überwinden der Einheit von Staat, Nation, Territorium, um Recht losgelöst vom Boden sehen zu können. Dies verlangt nach einem einzigen Menschenrecht: dem Recht, Rechte zu haben.

# Über das „Quallenschwein"

## Mensch/Tier-Konstellationen in Oskar Maria Grafs Exilroman *Die Flucht ins Mittelmäßige*

Carla Swiderski

Mit diesem Artikel möchte ich eine Lektüre von Oskar Maria Grafs *Flucht ins Mittelmäßige* vorstellen. Der Fokus liegt dabei auf der literarischen Gestaltung der Mensch/Tier-Konstellation. Kurz vorweg: Das Spannungsfeld zwischen Menschlichkeit und Animalität ergibt sich aus der aporetischen Fähigkeit der Menschen, sich als Tiere zu begreifen und sich gleichzeitig als vom Tier[1] Verschiedenes hervorzuheben. So zieht sich das Animalische als das *Andere* auffällig als Referenzpunkt durch die Bemühungen um Selbsterkenntnis im anthropologischen Diskurs[2] – dabei darf nicht vergessen werden, dass alle Erklärungsmodelle auf narrativen Konstruktionen fußen, die nicht frei von ideologischen Einflüssen sind. Die „entscheidenden Werkzeuge, die unsere Körper auf neue Weise herstellen", bemerkt Donna Haraway, sind „die Kommunikations- und Biotechnologien".[3] Die Spur der Tiere im Diskurs über den Menschen führt geradewegs in die Rechtfertigung von Gewalt und Unterdrückung, da die Abwertung der Tiere innerhalb des Mensch-Tier-Dualismus argumentativ die Überlegenheit der Menschen stützen soll. Die paradoxe Figuration bestimmter Menschen als subhumane Wesen ermöglicht ihren Ausschluss aus der moralischen Gemeinschaft sowie die Aberkennung jedweder Rechte. So wird die Animalisierungs- und

1 Der verallgemeinernde Begriff ‚Tier' ist unzulänglich, da er eine höchst heterogene Menge an Lebewesen bezeichnet und nur dazu dient, den Menschen als eigenständige Kategorie von allen anderen Lebewesen zu separieren. Trotzdem wird der Begriff ‚Tiere' in dieser Arbeit weiterhin aus Mangel eines besseren verwendet. Dabei wird jedoch der Gebrauch des Plurals bevorzugt, da er auf die Vielfalt an Lebewesen, die der Begriff umfasst, hinweisen soll. Die Problematik des Ganzheit vortäuschenden Begriffs ‚Tier', der in den meisten Theorien im Kollektivsingular steht, obwohl der Begriff eine heterogene Gemeinschaft aller nicht-menschlichen Lebewesen umfasst, diskutiert ausführlich Jacques Derrida: *Das Tier, das ich also bin.* Wien: Passagen 2010, v. a. S. 61, 69–71 u. 79–80.

2 Vgl. z. B. Markus Wild: *Tierphilosophie zur Einführung.* Hamburg: Junius 2008, bes. S. 26–27.

3 Donna Haraway: *Die Neuerfindung der Natur. Primaten, Cyborgs und Frauen.* Frankfurt am Main / New York: Campus 1995, S. 51.

Enthumanisierungsrhetorik im Nationalsozialismus zur Degradierung und öffentlichen Diskriminierung von Juden und anderen Minderheiten verwendet. Ihre Verfolgung und Ermordung wird im sprachlichen Ausschluss von der Menschheit vorweggenommen und der sprachliche Ausschluss erleichtert die Realisierung.[4] Denn mit der rhetorisch-naturwissenschaftlichen „Animalisierung des Menschen […] entsteht nun auch die Möglichkeit, das Leben sowohl zu schützen wie auch seinen Holocaust zu autorisieren“[5]. So ist es wenig überraschend, dass in Exiltexten die Mensch/Tier-Konstellation vermehrt behandelt wird, um Machtverhältnisse sowie die gesellschaftliche Ordnung zu reflektieren.

Der erste Entwurf von Grafs Roman *Die Flucht ins Mittelmäßige*[6] entsteht 1943, es vergehen Jahre, bis er den Text schließlich 1959 fertigstellt.[7] Durch diese späte Veröffentlichung handelt es sich nicht um einen typischen Exilroman. Dennoch wird er als solcher behandelt, da Graf, selbst im New Yorker Exil verblieben, sich darin dem Milieu jener Exilanten zuwendet, die nach Ende des Zweiten Weltkrieges nicht zurückgegangen sind. Ebenso wie sein Protagonist Martin Ling.

Die doppelte Isolation von der Herkunfts- wie Aufnahmegesellschaft belastet Ling. Sein Misstrauen gegen andere Menschen führt zu einem Verlust von Nächstenliebe, Herzlichkeit und Offenheit. Er kann sie nur noch vortäuschen – wenn auch glaubhaft: „Jeder und jede verwechselte seine abgefeimt gespielte, überströmende Zutraulichkeit mit aufrichtiger Zuneigung“ (FM, S. 153). Der permanent in den Diskussionen wiederholte Ausruf „Mensch!“ (u. a. FM, S. 15, 82, 294) wirkt wie eine Anrufung der zweifelhaft gewordenen Menschlichkeit. Die einzige wahre Neigung Lings gilt der Literatur (vgl. FM, S. 64). In einem Kreis deutschsprachiger, größtenteils intellektueller

4 Die NS-Rhetorik kann auf tradierte Ressentiments zurückgreifen, da die Diskriminierung von Juden über Tiermetaphern bis ins frühe Christentum reicht (vgl. Charles Patterson: *„Für die Tiere ist jeden Tag Treblinka“. Über die Ursprünge des industrialisierten Tötens*. Frankfurt am Main: Zweitausendeins 2004, S. 60–62).

5 Giorgio Agamben: *Homo sacer. Die souveräne Macht und das nackte Leben*. Frankfurt am Main: Suhrkamp 2002, S. 13.

6 Oskar Maria Graf: *Die Flucht ins Mittelmäßige. Ein New Yorker Roman* [1959]. München: Süddeutscher Verlag 1976. Im Folgenden zitiert als FM, alle Seitenangaben im laufenden Text beziehen sich auf diese Ausgabe.

7 Vgl. Wilfried F. Schoeller: Editorisches Nachwort. In: Graf: *Die Flucht ins Mittelmäßige*, S. 532–542, hier S. 535–536.

europäischer Exilanten beweist er regelmäßig sein Talent als mitreißender Erzähler. Durch einen Preis von 500 Dollar wird er dazu angeregt, seine Erzählungen zu verschriftlichen (vgl. FM, S. 281). Dank der Fürsprache seines Schriftstellerkollegen Neuberger werden sie erfolgreich veröffentlicht. Wenn Ling zunächst Gefallen am neu gewonnenen Reichtum findet, merkt er bald, dass er durch Konsum die Entfremdung seines Daseins nicht überwinden kann. Vielmehr steigert sich sein Ekel vor sich selbst mit zunehmendem materiellen Besitz, weil er sich mit der Produktion literarischer *Ware* immer mehr von seinem Ideal der Literatur großer Schriftsteller entfernt.[8] Die Entfremdung wird noch gesteigert, als er von dem todkranken Neuberger erfährt, Ling habe ihm die ganze Zeit als Versuchs*objekt* gedient: Neubergers Experiment bestand darin, durch gezielte Einwirkungen und „mit ein bissel Grips […] einen Schriftsteller" (FM, S. 344) aus Ling zu machen. Auf Grundlage des Experiments habe er nun seinen ersten Roman *Der krumme Weg ins Nichts* verfasst. Neubergers Protagonist, ein vom Erfolg korrumpierter Schriftsteller, der durch seine Eitelkeit und seinen Erfolgszwang fortschreitend alles verliert, was er einmal besaß, und letztlich in den Selbstmord flieht, verhält sich spiegelbildlich zu Ling. Dieser versucht, seinem scheinbar vorgezeichneten Weg zu entgehen, indem er beschließt, selbst einen Roman zu schreiben, der ihn von Neubergers Gespenst erlösen und ihm zu Weltruhm verhelfen soll (vgl. FM, S. 380, 411).

Für seinen Science-Fiction-Roman inszeniert Ling ebenfalls ein Experiment. Inspiriert von einem Traum entwickelt er ein Szenario, in dem England während des Krieges aus einer „zufälligen Robben-Schweine-Kreuzung" (FM, S. 416) ein knochenloses Schwein züchtet. Amerikanische Spione entdecken das Geheimnis und „durch Bestechung hoher Militärs und Regierungsbeamter erfahren einige mächtige, private Fleischkonzerne davon und reißen rücksichtslos die Produktion von ‚Quallenschweinen' an sich, vernichten damit alle Schweinezuchtfarmen alten Stils und jede Konkurrenzfirma" (FM, S. 417). Infolgedessen gehen alle konventionellen Schweinezuchtfarmen Konkurs und die Quallenschweine dominieren den Fleischmarkt. Von diesem Ereignis ausgehend, gestaltet Ling eine Entwicklung, die die gesamte wirtschaftliche und soziale Struktur der USA zerstört.

8 Vgl. auch Peter Ensberg: *Das Bild New Yorks in der deutschsprachigen Gegenwartsliteratur*. Heidelberg: Winter 1988, S. 51.

Massenarbeitslosigkeit und Inflation, die durch die maschinelle Schlachtung ausgelöst werden, führen zu Verarmung und infolgedessen zu Aufständen (vgl. FM, S. 490). Die Regierung wird gestürzt und eine militärgestützte Diktatur errichtet, die hart gegen die Unruhen vorgeht. Um die Lage zu kontrollieren, „verstaatlicht [sie] die Aufzucht der ‚Quallenschweine‘ und geht zur Massenproduktion derselben über, reguliert den Preis für dieses Volksnahrungsmittel und schafft den rettenden Ausgleich auf allen Gebieten“ (FM, S. 417). Die Zukunftsvision endet mit der Eroberung der ganzen Welt: „Das knochenlose Quallenschwein, frisch, gefroren oder als Konserve, erobert von Amerika aus den Weltmarkt“ (FM, S. 417).

Die Züchtung der ‚Quallenschweine‘ in Lings Vision bedeutet eine Radikalisierung der damals real in den USA eingeführten industriellen Schlachtung, die kleine Farmen und Schlachtereien verdrängt.[9] Ling unternimmt mehrere Forschungsreisen zu den industriellen Schweinezuchtbetrieben in den Südstaaten wie zu den Massenschlachtbetrieben und Konservenfabriken in Chicago und New York. Hier erlebt er, wie hunderte Tiere von Todesangst geplagt ihrer Schlachtung entgegengehen. Er bemerkt, wie „die grauenhaft verlorenen Tierblicke flackerten, ihre weit aufgerissenen Nüstern bebten, der Schaum an ihren lefzigen Mäulern flockte“ (FM, S. 447–448), und registriert die schaurigen Laute, den Gestank nach Blut, Urin und Kot, die im Kontrast zu den durchorganisierten – meist von Maschinen ausgeführten –, spezialisierten Einzelschritten der Schlachtung stehen. Vor allem aber nimmt er wahr, dass sich in der Schlachthalle eine Verwandlung der Tiere vollzieht: vom „Tierkörper“ zu verkaufs- und verzehrfähigen „Bauch-, Schenkel- oder Halsstucken“ (FM, S. 448), bzw. in der Konservenabteilung in den Inhalt „appetitlich beklebte[r] Blechbüchsen oder Gläser[]“ (FM, S. 449).

Die von Ling imaginierte ‚Quallenschwein‘-Industrie beinhaltet nicht nur eine maschinelle Optimierung des Betriebs, sondern eine Züchtung der Tiere zu unselbständigen Tierkörpern (wie sie heutzutage fast Realität geworden ist). Diese Tierkörper erleichtern durch ihre Kugelform die Haltung, vereinfachen durch ihre Knochenlosigkeit die Verwertung und ermöglichen wegen ihres zarten Fleisches eine qualitative Verbesserung. Die ‚Quallenschweine‘ sind in

9 Zum Standard der 1940er Jahre in den USA und Deutschland sowie der Verbindung von Tierzucht und Eugenik vgl. Patterson: *Für die Tiere*, S. 101–131.

der Wahrnehmung der Menschen keine ‚natürlichen' Tiere, sondern wissenschaftlich entwickelte, technisch produzierte und ökonomisch verwertbare Rohstoffe. Sie werden künstlich hergestellt und künstlich vernichtet.[10] Die Verdinglichung ist in dieser Vision so weit vorangetrieben, dass es sich rational wie visuell kaum mehr erkennbar um Tiere handelt. Damit sind sie Ausdruck der menschlichen Macht über die ‚Natur', die mit Hilfe von Wissenschaft und Technik nicht nur jegliche Lebewesen unterdrücken und ausbeuten, sondern sogar wesentlich verändern kann.

Die Domestizierung von Tieren gilt als Basis der zivilisierten Gesellschaft. Die Grausamkeit dieser Beziehung bleibt häufig unerwähnt.[11] Sie wird vielmehr aktiv zu verschleiern versucht, damit sie moralisch vertretbar erscheint. Gerade philosophische Überlegungen, die die Überlegenheit der Menschen beweisen wollen, versuchen den Ausschluss von Tieren aus moralischen Theorien zu legitimieren.[12] Nachdrücklich beschreibt Theodor W. Adorno in *Minima Moralia* unter der Überschrift „Menschen sehen dich an" den Blick als Medium der tierlichen wie menschlichen (seelischen) Regungen, der die versuchte Verdinglichung jeglicher Lebewesen misslingen lässt.[13] Das Mitleid, das durch den an Qual und Leid erinnernden Blick des sterbenden Tieres hervorgerufen werden könnte, wird jedoch in der industriellen Schlachtung limitiert. Vor allem die Masse und die maschinelle Verarbeitung anonymisieren den Schlachtungsprozess. Zudem ermöglicht das ‚Quallenschwein' als bloße Fleischkugel die vollständige Abstraktion der Fleischindustrie von individuellen Lebewesen. Ein weiterer Aspekt, der zur moralischen Legitimation der Schlachtung beitragen soll, ist die Befreiung des von Ling erdachten Tier*körpers* vom Schmerzempfinden (vgl. FM, S. 488). Der Verzehr von Fleisch, das

10 Zur Wahrnehmung von Tieren in Tierversuchen vgl. Roland Borgards: Das Tierexperiment in Literatur und Wissenschaft. In: Michael Gampert (Hrsg.): *Experiment und Literatur. Themen, Methoden, Theorien*. Göttingen: Wallstein 2010, S. 345–360, hier S. 347.

11 Vgl. Patterson: *Für die Tiere*, S. 21.

12 Die Strategie der moralischen Erleichterung der Menschen durch den Ausschluss von Tieren aus der moralischen Theorie wirft Schopenhauer beispielsweise Kant vor (vgl. Arthur Schopenhauer: *Die beiden Grundprobleme der Ethik. Behandelt in zwei akademischen Preisschriften* [1841]. 2., erw. u. verb. Aufl. Leipzig: Cotta 1860, S. 162.

13 Vgl. Theodor W. Adorno: *Minima Moralia. Reflexionen aus dem beschädigten Leben* [1951]. *Gesammelte Schriften*, Bd. 4, hrsg. v. Rolf Tiedemann. Frankfurt am Main: Suhrkamp 1980, S. 116–117.

von einem Lebewesen stammt, das weder Angst noch Schmerz kennt, soll sich so – zumindest moralisch betrachtet – nicht mehr vom Verzehr anderer Lebensmittel unterscheiden. In Lings Züchtungsvision wird die Auffassung René Descartes', Tiere seien sterbliche, mechanisch-mimetisch agierende Maschinen,[14] noch übertroffen. Denn wenn Descartes Tiere als seelenlose Körper versteht, die nicht über Schmerzempfinden und Leidensfähigkeit verfügen, sondern lediglich Reaktionen auf äußerliche Reize zeigen können,[15] besitzen Lings Quallenschweine nicht einmal mehr einen Reiz-Reaktions-Mechanismus. Stattdessen sind sie nur noch auf bloße Materialität reduziert. Allerdings zeigt sich im Umkehrschluss umso deutlicher die Brutalität der realen Schlachtung, da das Empfinden von Angst und Schmerzen der Tiere beim Akt der Schlachtung so überhaupt erst in den Fokus gerät.

Die Rationalisierung und Instrumentalisierung der tierlichen Existenz bleibt in Lings Vision nicht ohne Auswirkungen auf die Menschen. Sie treten ihre Souveränität Stück für Stück an die Technik ab und werden dadurch selbst auf Objekte reduziert, schließlich zu bloßem „Zubehör“ (FM, S. 416). Die Verdinglichung der Menschen gleicht der der Quallenschweine, was Ling in der Feststellung expliziert: „Daß wir im Grunde alle Schweine sind, da ist nun einmal nichts zu machen“ (FM, S. 529). In Anbetracht der maschinellen Tötung und Verarbeitung sowie der ökonomischen Auswertung der Schweine im Massenschlachtbetrieb erhält Lings Analogie zwischen Schweinen und Menschen eine weitere Dimension. Die Parallelen zwischen den soziopolitischen Entwicklungen in Lings fiktivem Amerika und den realhistorischen Entwicklungen im Vorkriegsdeutschland sind offensichtlich und werden auch explizit benannt (vgl. FM, S. 490). Die industriell-ökonomischen Auswertungs- und Vernichtungsbetriebe bzw. -lager der fiktiven amerikanischen und der realhistorischen Diktatur in Deutschland werden in dieser Verknüpfung enggeführt.[16]

14 Descartes vertritt einen idealisierten Maschinen-Begriff, der sich nicht auf reale, künstlich hergestellte Maschinen bezieht (vgl. Hans Werner Ingensiep / Heike Baranzke: *Das Tier*. Stuttgart: Reclam 2008, S. 25).

15 Vgl. René Descartes: *Meditationen*. Hamburg: Meiner 2009, S. 28–30; Derrida: *Das Tier*, S. 112–113.

16 Der Tod von Tieren wird auch in anderen Texten mit Konzentrationslagern assoziiert. Während bspw. W. G. Sebald einige Jahrzehnte später den Vergleich bildlich inszeniert, indem er in *Die Ringe des Saturn* die ‚Naturgeschichte des Herings‘ mit Bildern der Fischerei und der Vernichtung in Konzentrationslagern kontrastiv collagiert

Unabhängig von der fiktiven Inszenierung der Analogien im Roman ist realhistorisch ebenso eine enge Verbindung von industrieller Vernichtung und ökonomischer Verwertung zu beobachten. Die Vernichtungslager des NS-Staates waren in ihrer Ausrichtung auf das industrialisierte Morden und die ökonomische Ausbeutung von Menschen, die zu Tieren erklärt wurden, an die Struktur von Schlachthöfen angelehnt. Aufgrund dieser Ähnlichkeit stellt Charles Patterson fest: „Wie das 20. Jahrhundert zeigen sollte, war es nur ein Schritt vom industrialisierten Töten in amerikanischen Schlachthöfen bis zum fließbandmäßig organisierten Massenmord der deutschen Nazis“[17].

Während Lings Arbeit am Roman, dessen Stoff selbst aus einer enthumanisierten, maschinisierten Welt stammt, potenziert sich seine eigene Entfremdung von der Menschlichkeit. Diesen Zustand zu ertragen, fällt Ling allerdings zunehmend schwerer, und er fragt sich: „Mußte er sich denn, wenn sein Roman endlich fertig werden sollte, jeden Menschen und das Menschliche überhaupt aus dem Sinn schlagen?“ (FM, S. 527) Sein Romanexperiment, das in einer radikalisierten Rationalisierung der Welt die absolute Verdinglichung und Instrumentalisierung von Menschen und Tieren vorführen soll, misslingt. Denn Ling gelingt es nicht, sich von dem Bedürfnis nach Gesellschaft, Solidarität, Vertrautheit und Herzlichkeit loszusagen.

Das Ideal der Menschlichkeit und einer auf Gerechtigkeit gegründeten Ordnung entbehrt für Ling angesichts der erfahrenen Gewalt

(vgl. Winfried Georg Sebald: *Die Ringe des Saturn. Eine englische Wallfahrt.* Frankfurt am Main: Eichborn 1995, S. 80–81), führt in Claire Golls *Ein „Fait divers“* ein überfahrener Hund zur Parallelisierung mit dem bürokratisierten Morden in den Konzentrationslagern (vgl. Claire Goll: Ein „Fait divers“. In: Dies.: *Zirkus des Lebens. Erzählungen.* Berlin: Edition der 2 1976, S. 295–306).

17 Vgl. Patterson: *Für die Tiere*, S. 93. Tatsächlich arbeitete das NS-Regime mit Henry Ford zusammen, der als Begründer der industriellen Massenproduktion gilt, die er sich jedoch von Schlachtbetrieben industrieller Fleischwarenhersteller abguckte (vgl. ebd., S. 94, 100). Auch die Basis der eugenischen Versuche im NS-Regime sieht Patterson in der Tierzucht (vgl. ebd., S. 101). So ist Auschwitz ab 1942 ein „allumfassende[s] Eugenikzentrum zur Aufartung von Deutschlands menschlicher und tierlicher Bevölkerung, komplett ausgestattet mit Viehzuchtzentren und dem Vernichtungslager Birkenau zur Ausmerzung von Juden, Zigeunern und anderen ‚Untermenschen‘“ (ebd., S. 126). Einen ausführlichen Vergleich zwischen Tierversuchen und Schlachtverfahren in der Industriegesellschaft sowie den Menschenversuchen und systematischen Massenvernichtungen während der NS-Zeit unternimmt auch Hans Wollschläger: Tiere sehen dich an oder „Das Potential Mengele“. In: Ders.: *Tiere sehen dich an. Essays, Reden.* Göttingen: Wallstein 2002, S. 7–178, hier S. 81.

sowie der dauerhaften Fremdheit und der Leere der Existenz im Exil seiner Selbstverständlichkeit. Trotzdem besinnt sich zumindest die Erzählstimme auf die Idee der Gerechtigkeit und des Guten und erinnert an den Traum eines Eingehens jeder einzelnen Existenz in die Ganzheit als Vielheit. Die Vision einer zukünftigen gerechteren Gesellschaftsordnung umfasst zwar in dieser Darstellung hauptsächlich die Menschen, doch wird in der Erweiterung auf „alles existierende[] Leben[]" (FM, S. 226) eine mögliche Ausweitung auf Tiere eingeschlossen. Die – in Grafs Roman nicht zwingend anthropozentrisch konzipierte – Humanität bleibt stummer Referenzpunkt, die Animalität birgt und zugleich ausgrenzt. Eine Humanität, die an die Hoffnung auf Gerechtigkeit mahnt und zugleich an die unüberwindbare Distanz zu ihrer Verwirklichung erinnert. Zwar stellt die Exilsituation ein besonderes Umfeld für die Reflexionen über den anthropologischen und animalischen Diskurs dar, doch ist mit Giorgio Agamben gesprochen auch heutzutage „[d]er entscheidende politische Konflikt in unserer Gesellschaft […] derjenige zwischen Animalität und Humanität"[18].

18 Giorgio Agamben: *Das Offene. Der Mensch und das Tier*. Frankfurt am Main: Suhrkamp 2003, S. 88.

# Walter Benjamins Begriff der Übersetzung
## Eine neue Perspektive auf Exilliteratur

Anne Benteler

Im Exil sind Mehrsprachigkeit, Sprachwechsel und Übersetzung von zentraler Bedeutung, denn die Exilsituation erfordert stets eine Auseinandersetzung mit Heimat und Fremde, mit Eigen- und Fremdsprache, mit Eigen- und Fremdkultur. Besonders für Schriftsteller stellt sich hier die ganz elementare Frage: In welcher Sprache wird geschrieben? In der Muttersprache, die im Exil vielfach als „Heimat" apostrophiert wurde, oder in der Landessprache des Zufluchtsortes? Für viele Exilanten ist nicht die nationale Herkunft, sondern vielmehr die Zugehörigkeit zu einer Sprache bzw. Sprachgemeinschaft entscheidend. So sagte zum Beispiel Hannah Arendt: „Für mich ist Deutschland die Muttersprache, die Philosophie und Dichtung."[1]
Für viele Exil-Schriftsteller ist der Verlust des Sprachraums eine traumatische Erfahrung. Sie beklagen eine Trennung vom „lebendigen" Kontakt mit der Muttersprache und manche Autoren verstummen sogar im Exil. Insgesamt lässt sich also beobachten, dass sich das Gefühl der Zugehörigkeit zu einer Nation oder Kultur weniger auf ein statisches Territorium bezieht als vielmehr auf die Sprache. Mit den Worten von Ottmar Ette kann man sagen: „Ein Deutschland, das man auf der Zunge trägt."[2]
Sprache ist aber etwas unaufhaltbar Bewegliches, Dynamisches und Mobiles, das sich ständig weiterentwickelt. Im Exil entstehen zusätzlich neue Sprachenkontakte und es werden Übersetzungen notwendig, die man in vielen Exiltexten produktiv und ästhetisch umgesetzt vorfindet. Ausgehend von Walter Benjamins Aufsatz „Die Aufgabe des Übersetzers"[3] möchte ich daher mit dem Begriff der Übersetzung

1 Hannah Arendt / Karl Jaspers: *Briefwechsel 1926–1969*, hrsg. v. Lotte Köhler. München: Piper 1985, S. 52.

2 Ottmar Ette: Über die Brücke Unter den Linden. Emine Sevgi Özdamar, Yoko Tawada und die translinguale Fortschreibung deutschsprachiger Literatur. In: Susan Arndt / Dirk Naguschewski / Robert Stockhammer (Hrsg.): *Exophonie. Anders-Sprachigkeit (in) der Literatur*. Berlin: Kadmos 2007, S. 165–194, hier S. 166.

3 Walter Benjamin: Die Aufgabe des Übersetzers [1923]. In: Ders.: *Gesammelte Schriften*, Bd. 4.1, hrsg. von Tillmann Rexroth. Frankfurt am Main: Suhrkamp 1972, S. 9–21. Im Folgenden zitiert mit der Sigle AÜ, alle Seitenangaben im laufenden Text

einen theoretischen Zugang für die Beschäftigung mit Exilliteratur vorstellen.

Walter Benjamins Leben ist selbst vom Exil gezeichnet. Wegen seiner jüdischen Herkunft verlässt er nach der Machtübernahme der Nationalsozialisten 1933 Deutschland und emigriert, so wie viele andere, zunächst ins französische Nachbarland. Die kommenden schwierigen Jahre verbringt er in Paris und unter anderem bei Bertolt Brecht in dessen dänischem Exil. Die Kapitulation Frankreichs zwingt Benjamin dazu, 1940 auch das Pariser Exil zu verlassen. Er versucht, in die USA zu gelangen, wo sich bereits das nach New York emigrierte Frankfurter Institut für Sozialforschung befindet. Auf der Flucht vor der Gestapo sieht er sich an der spanischen Grenze schließlich seinen Verfolgern ausgeliefert und begeht Selbstmord.

Walter Benjamins Aufsatz „Die Aufgabe des Übersetzers" entsteht bereits 1921, also noch lange bevor er 1933 selbst ins Exil geht, sodass man nicht von einem Zusammenhang zwischen seiner eigenen Exilerfahrung und der Entstehung dieses Textes sprechen kann. Dennoch, so meine These, entwickelt Benjamin in diesem Aufsatz eine Theorie der Übersetzung, die bereits auf einen exilischen Zustand vorausweist. Daher möchte ich von seinem Text ausgehend zeigen, inwiefern das Thema der Übersetzung produktive Anknüpfungspunkte auch für die literaturwissenschaftliche Auseinandersetzung mit Exilliteratur bieten kann.

## I. Walter Benjamins „Die Aufgabe des Übersetzers"

Walter Benjamins Aufsatz „Die Aufgabe des Übersetzers" wurde erstmals 1923 als Vorwort seiner Übersetzung von Charles Baudelaires *Tableaux Parisiens*[4] veröffentlicht. Benjamin, der bereits 1914 mit seinen Baudelaire-Übersetzungen begonnen hatte, dachte spätestens seit 1920 über dieses Vorwort nach.

Der Titel des Aufsatzes erzeugt den Anschein, es handele sich hier womöglich um eine Art programmatische Anleitung für Übersetzertätigkeiten, um eine Form von Instruktion für den Übersetzer von Literatur oder etwa eine Reflexion Benjamins über seine eigenen Erfahrungen bei seiner Baudelaire-Übersetzung. Doch tatsächlich ist

beziehen sich auf diese Ausgabe.

4 Charles Baudelaire: *Tableaux Parisiens*. Deutsche Übertragung mit einem Vorwort über die Aufgabe des Übersetzers. Heidelberg: Richard Weißbach 1923.

eine solche Leseerwartung weit gefehlt. Seine sprachphilosophischen Betrachtungen sind keineswegs praktisch angelegt; so kann der Titel „Die Aufgabe des Übersetzers" durchaus doppeldeutig verstanden werden, insofern er das Aufgeben des Übersetzers angesichts seiner Aufgabe mitschwingen lässt.

Benjamin entwickelt einen neuen Begriff der Übersetzung, der die bisherigen Kategorien einer „gelungenen Übersetzung", wie „Treue" und „Freiheit", radikal in Frage stellt. Er löst sich von der Vorstellung, dass Übersetzung zum Ziel habe, das jeweilige Original möglichst genau nachzuahmen, um den Inhalt einer Aussage von einer Sprache in eine andere zu übertragen.

Hinter dieser Kehrtwende steht eine Auffassung von Literatur und Dichtung, die nicht oder nicht mehr den Inhalt zu ihrem Zentrum macht. Ausgehend von der Frage „Was ‚sagt' denn eine Dichtung? Was teilt sie mit?", stellt Benjamin fest: „Sehr wenig dem, der sie versteht." (AÜ, S. 9) Das „Wesentliche" einer Dichtung, so heißt es weiter, „ist nicht Mitteilung, nicht Aussage", sondern vielmehr „das Unfaßbare, Geheimnisvolle, ‚Dichterische'" (AÜ, S. 9). Wenn das Wesentliche einer Dichtung nicht aus Mitteilung besteht, folgt daraus für die Übersetzung, dass sie ebenso wenig durch Mitteilung bestimmt ist wie das Original selbst.[5]

Fern von einer Vermittlung des Inhalts versteht Benjamin Übersetzung als eine Form, die zum Zweck hat, das Verhältnis der Sprachen zueinander darzustellen. Übersetzung ist „zuletzt zweckmäßig für den Ausdruck des innersten Verhältnisses der Sprachen zueinander", dieses kann sie „unmöglich offenbaren, unmöglich herstellen; aber darstellen, indem sie es keimhaft oder intensiv verwirklicht" (AÜ, S. 12).

Wenn Benjamin diesbezüglich auch von „Verwandtschaft der Sprachen" (AÜ, S. 13) spricht, „tut [er] es nie als Komparatist oder Sprachhistoriker"[6]. Er meint weder eine Verwandtschaft im historischen Sinne von Sprachfamilien noch eine Ähnlichkeit der Sprachen. Das Kriterium der Ähnlichkeit sei deshalb nutzlos für die Übersetzung und keine Übersetzung wäre möglich, „wenn sie Ähnlichkeit

5 Vgl. Jacques Derrida: Babylonische Türme. Wege, Umwege, Abwege. In: Alfred Hirsch (Hrsg.): *Übersetzung und Dekonstruktion.* Frankfurt am Main: Suhrkamp 1997, S. 119–165, hier S. 135.

6 Ebd., S. 142.

mit dem Original ihrem letzten Wesen nach anstreben würde." (AÜ, S. 12)

Nach Benjamin sind alle Sprachen verwandt, weil sie gemeinsam auf etwas Höheres hinweisen, nämlich auf das, was er die *reine Sprache* (AÜ, S. 13) nennt. Diese *reine Sprache* steht für Benjamin, zumindest hat es den Anschein, am Ende einer Entwicklung. Er spricht vom „heilige[n] Wachstum der Sprachen", die „bis ans messianische Ende ihrer Geschichte wachsen" (AÜ, S. 13) und schließlich in den „vorbestimmten, versagten Versöhnungs- und Erfüllungsbereich der Sprachen" (AÜ, S. 15) eintreffen. Die Formulierung, dass der Zustand der Erlösung „versagt" bleibt, macht aber deutlich, dass die *reine Sprache* nie erreichbar ist. Es gibt sie nur in ihrer Disjunktion beziehungsweise Differenz.[7] Benjamins *reine Sprache* lässt sich daher als eine Art Relationsbegriff fassen.

Wahrscheinlich haben unter anderem seine Formulierungen bezüglich dieser Idee einer *reinen Sprache* dazu geführt, dass Benjamin in der Forschung lange Zeit auf einen „messianischen" Grundton reduziert und teilweise deshalb sogar als rückständig kritisiert wurde.[8] Eine solche Perspektive aber verkennt den innovativen Charakter dieser nun fast hundert Jahre alten Überlegungen. Wie im Folgenden dargestellt werden soll, holt Benjamin die Übersetzung aus ihrem sekundären Status und erhebt sie zu einem Schlüsselbegriff, der das Original zu aktualisieren vermag.

## II. Übersetzungen als Aktualisierung des Originals

Das Verhältnis, in welchem Original und Übersetzung zueinander stehen, beschreibt Benjamin folgendermaßen:

> Wie nämlich Scherben eines Gefäßes, um sich zusammenfügen zu lassen, in den kleinsten Einzelheiten einander zu folgen, doch nicht so zu gleichen haben, so muß anstatt dem Sinn des Originals sich ähnlich zu machen, die Übersetzung liebend vielmehr und bis ins Einzelne hinein dessen Art des Meinens in der eigenen Sprache sich anbilden, um so beide wie Scherben als Bruchstück eines Gefäßes, als Bruchstück einer größeren Sprache erkennbar zu machen. (AÜ, S. 18)

7 Vgl. Paul de Man: Schlußfolgerungen. Walter Benjamins „Die Aufgabe des Übersetzers". In: Hirsch (Hrsg.): *Übersetzung und Dekonstruktion*, S. 182–228, hier S. 208.

8 So spricht man bspw. von der „messianische[n] Übersetzungstheorie Benjamins [...], gemäß welcher die Übersetzung die Verwandtschaft der Sprachen aufscheinen läßt und diese auf das Ende ihrer Geschichte in der reinen Sprache hin öffnet." (Hans-Jost Frey: *Der unendliche Text.* Frankfurt am Main: Suhrkamp 1990, S. 32.)

Dieses Bild von den Scherben eines Gefäßes darf nicht dahingehend missverstanden werden, dass das Original das zerschlagene Gefäß sei und die Scherben metaphorisch für die Übersetzungen desselben stünden. Stattdessen versinnbildlicht diese Metapher offensichtlich den zentralen Aspekt von Benjamins Übersetzungstheorie, weil im Bild des zerbrochenen Gefäßes sowohl das Original als auch die Übersetzung Scherben sind.[9] Sie befinden sich auf der gleichen Ebene und das ist entscheidend für Benjamins Auffassung von Übersetzung. Er geht von der Übersetzung nicht (mehr) als etwas dem Original gegenüber Sekundärem aus. Übersetzung und Original sind zusammen Bestandteile von etwas Größerem, das sie aber niemals und genauso wenig wie die *reine Sprache* erreichen oder zusammenfügen können. Die Bruchstücke sind von vornherein Bruchstücke und sie bleiben es.

Daraus folgt auch, dass der Ursprungstext, das Original, bereits fragmentarisch ist und dass die Übersetzung wiederum ein Fragment dieses Fragments ist. Übersetzungen sind Fragmente, die das Original immer wieder neu und anders beschreiben. Das Original war nicht einfach zuerst da und kann nun rekonstruiert werden. Es ist nur aus der Perspektive der Übersetzung zugänglich. Die „Aufgabe" des Übersetzers ist daher tatsächlich auch im Sinne von „aufgeben" zu verstehen. Will der Übersetzer das rekonstruieren oder imitieren, was im Original gegeben war oder ist, so muss er scheitern, denn es gibt kein eindeutig fassbares, feststehendes Original.

Es lässt sich festhalten, dass Übersetzung bei Benjamin ihren Ursprung oder ihre Heimat niemals in einem eindeutigen Original finden kann. Bei seiner Idee einer *reinen Sprache* geht es im Wesentlichen darum, „diese Bewegung, dieses Irren der Sprache, das nie ans Ziel gelangt, das in Bezug auf das, was es zu erreichen meinte, immer

9 Das Bild des zerbrochenen Gefäßes kann durchaus auch im Zusammenhang mit der jüdischen Tradition der lurianischen Kabbala und dem „Bruch der Gefäße" gesehen werden. Auf diesen Zusammenhang, die kabbalistische Bedeutung der Gefäß-Metapher, macht etwa Carol Jacobs in ihrem Aufsatz zu Benjamins „Die Aufgabe des Übersetzers" aufmerksam. Dabei bezieht sie sich zunächst auf Gershom Scholem (vgl. ders.: *Walter Benjamin und sein Engel. Vierzehn Aufsätze und kleine Beiträge*, hrsg. v. Rolf Tiedemann. Frankfurt am Main: Suhrkamp 1983, S. 66), der in einem Kommentar zu Benjamins Engel der Geschichte eine Beziehung zum Begriff des Tikkun in der lurianischen Kabbala herstellt. (Vgl. Carol Jacobs: Die Monstrosität der Übersetzung. In: Hirsch (Hrsg.): *Übersetzung und Dekonstruktion*, S. 166–181, hier S. 179–180). Vgl. zu diesem Komplex auch den Beitrag von Sonja Dickow in diesem Band.

verschoben ist“[10], herauszustellen. Ohne heimatlichen Ursprung und immer in der Fremde weilend, verweist seine Übersetzungstheorie damit auf einen nomadischen, wenn nicht sogar exilischen oder diasporischen Zustand.

> Bedarf aber das Original einer Ergänzung, ruft es nach ihr und ruft es sie herbei, so deshalb, weil es ursprünglich nicht fehlerhaft und makellos ist, nicht voll, vollständig, identisch mit sich. Von Anfang an, im Ursprung bereits des zu übersetzenden Originals, findet ein Fall und eine Verbannung statt, gibt es Exil.[11]

Obwohl die Übersetzung niemals zum Original vordringen kann, wird mit ihr „das Original in Bewegung versetzt, um es zu entkanonisieren, ihm die Bewegung der Fragmentierung, ein irrlichterndes Wandern, eine Art permanenten Exils zu verleihen.“[12]

Die Instabilität des Originals und der daraus folgende nomadische oder gar exilische Charakter der Übersetzung bergen ein immenses dynamisches Potential. Original und Übersetzung stehen in einem prozesshaften Wechselverhältnis der Bewegung, Wandlung und Erneuerung. Übersetzungsprozesse sind nach Benjamins Verständnis extrem dynamisch. Die Beweglichkeit des Originals, das selbst niemals eindeutig fixier- oder festlegbar ist, eröffnet erst die Möglichkeit einer permanenten Veränderung im Übersetzungsprozess.

Die Übersetzung steht damit im Wandel der Sprache(n) insgesamt. „Denn wie Ton und Bedeutung der großen Dichtungen mit den Jahrhunderten sich völlig wandeln, so wandelte sich auch die Muttersprache des Übersetzers.“ (AÜ, S. 13) Die Sprache des Originals unterliegt einer dauerhaften Wandlung über die Zeit hinweg, deren Ausprägungen sich in dessen Übersetzungen offenbaren. Als „stets erneute späteste und umfassendste Entfaltung“ (AÜ, S. 11) sind Übersetzungen im Sinne Benjamins zu verstehen als Aktualisierungen des Originals.

Übersetzen ist im Benjamin’schen Sinne also kein Vorgang mehr, der zwischen zwei einander fremden Sprachen vermitteln will. Vielmehr ist es als Vorgang zu verstehen, der die unaufhebbare Ambivalenz der Sprache(n) vor Augen führt. Übersetzung betont jene Differenz, die

10 De Man: Schlußfolgerungen, S. 208.

11 Derrida: Babylonische Türme, S. 145.

12 Paul de Man: *The Resistance to Theory*. Minneapolis: University of Minnesota Press 1986, S. 92.

Sprache an sich innehat und jene Differenz, die verschiedene Sprachen unterscheidet.
Demnach hat Übersetzung bei Benjamin einen hybriden oder translingualen Charakter, denn es handelt sich um einen Prozess der Durchdringung, Durchquerung und Verflechtung der Sprachen. Im Ergebnis wird durch den Übersetzungsvorgang etwas Neues hervorgebracht. Gleichzeitig ist jedes Original immer schon selbst Resultat von Übersetzungsprozessen. Genauso wie es keine eindeutige Eigen- oder Muttersprache gibt, die in eine Fremdsprache übersetzt werden könnte oder umgekehrt. Denn Sprache an sich ist immer schon von Übersetzungen durchzogen. Sie befindet sich in einem unabschließbaren Prozess der Wandlung, Transformation und Aktualisierung.

## III. Translational Turn, Übersetzung und Transkulturalität

Aufgrund einer derartigen Auffassung von Sprache ist Benjamin als wichtiger Wegbereiter für poststrukturalistisches Denken zu betrachten, wie Lektüren seines Aufsatzes von Paul de Man, Jacques Derrida und Carol Jacobs zeigen. Zugleich ist es der Rezeption und Weiterentwicklung von Benjamins Übersetzungstheorie durch Vertreter der Dekonstruktion – allen voran Derrida und de Man – maßgeblich zu verdanken, dass ihre Bedeutung und Anschlussfähigkeit herausgestellt wurden. Zuvor war „Die Aufgabe des Übersetzers“ lange Zeit weitgehend ohne Resonanz geblieben.[13]
Darüber hinaus ist Benjamin aufgrund seiner Neubewertung der Übersetzung gewissermaßen auch als Vorreiter folgender Entwicklung zu sehen: Seit einigen Jahren bildet sich in den Kultur- und Sozialwissenschaften ein Übersetzungsdenken heraus, das unter der Bezeichnung *translational turn*[14] zusammengefasst wird. Im Zuge des *translational turn* wird der Vorgang des Übersetzens „mehr und mehr aus dem linguistisch-textlichen Paradigma herausgelöst“[15] und es findet eine Betonung kultureller Übersetzungsprozesse statt.

13 In den achtziger Jahren lösen Jacques Derrida mit seinem Aufsatz „Babylonische Türme“ und Paul de Man mit seinem Text „Schlußfolgerungen: Walter Benjamins ‚Die Aufgabe des Übersetzers‘“ erstmals eine umfassende Diskussion über Benjamins Übersetzungsdenken aus (vgl. Alfred Hirsch: Vorwort. In: Ders. (Hrsg.): *Übersetzung und Dekonstruktion*, S. 7–12, hier S. 11).

14 Vgl. Doris Bachmann-Medick: Translational Turn. In: Dies.: *Cultural Turns. Neuorientierungen in den Kulturwissenschaften*. Reinbek: Rowohlt 2010, S. 238–283.

15 Ebd., S. 238.

Gründe für diese Entwicklung sind nicht zuletzt in den neuen Konstellationen zu sehen, die das gegenwärtige Zeitalter von Migration und Globalisierungsprozessen mit sich bringt. Die Betonung von Übersetzungsvorgängen resultiert insofern wesentlich aus sich immer stärker abzeichnenden Übersetzungsnotwendigkeiten und herausforderungen.[16]

Ein sich zunehmend etablierendes erweitertes Übersetzungsverständnis beeinflusst die Sicht auf die kulturwissenschaftlichen Phänomene selbst und manifestiert sich im Bereich der Kulturtheorie als neues Verständnis von Kultur als Übersetzung.[17] Diese Übersetzungskonzeption des Kulturbegriffs basiert auf einem dynamisierten Kulturverständnis, welches sich von allzu starren kulturwissenschaftlichen Modellen löst und stattdessen den Akzent auf kulturelle Übersetzungsprozesse legt. Entgegen einer vermeintlichen Reinheit von Kulturen, Identitäten, Religionen oder Sprachen wird in einem solchen dynamisierten Kulturkonzept das Immer-schon-übersetzt-Sein kultureller Phänomene herausgestellt. Übersetzung wird somit zu einer wichtigen Kategorie für die Aushandlung von kulturellen Grenzen und Differenzen.[18]

Die translatorische Wende führt aus diesem Grund weiterhin dazu, dass Kultur zunehmend auch in einem räumlichen Paradigma als Prozess der Über-Setzung verstanden wird. Diesbezüglich geht es unter anderem um die Erforschung von Migrationsprozessen und transitorischen Zwischenräumen, die als Übersetzungsräume betrachtet werden. Der *translational turn* befinde sich nach Doris Bachmann-Medick insofern „[m]it einem Bein […] durchaus auch im *spatial turn*“[19]. Damit einhergehend wird die in der Kulturwissenschaft und -politik bis heute „weit verbreitete Vorstellung vom Übersetzen als Brückenbauen“[20] abgelöst. Eine neue Sichtweise richtet sich vielmehr auf Brüche, Differenzen, Missverständnisse und Fehlübersetzungen in Übersetzungsprozessen.[21]

16 Vgl. ebd., S. 240.
17 Vgl. ebd., S. 245.
18 Vgl. ebd., S. 246.
19 Ebd., S. 247.
20 Ebd., S. 254.
21 Vgl. ebd., S. 254–255.

Betrachtet man Kulturen derart auf mehreren Ebenen als Resultat von Übersetzungen, liegt die Verbindung zu Homi Bhabhas[22] postkolonialem Konzept des *dritten Raums* nahe, weil sich in eben jenen Übersetzungsvorgängen der Konstruktcharakter kultureller Zuschreibungen und Identitäten erkennen lässt. Im *dritten Raum* sammeln sich inkommensurable Überreste von Übersetzungen, die beweisen, dass direkte, „saubere" Übersetzungen nicht möglich sind. In diesem Zwischenraum der Übersetzungen werden Eindeutigkeiten verwehrt und es entstehen Hybriditäten.

Die einstige Vorstellung von in sich geschlossenen Kulturen wird vor allem mit dem längst populär gewordenen Begriff der Transkulturalität abgelöst, der im deutschsprachigen Raum von Wolfgang Welsch[23] in die Debatte eingeführt wurde. Wie in der lateinischen Vorsilbe „trans-" begrifflich verankert ist, akzentuiert das Transkulturalitätskonzept eher kulturelle Übergänge als kulturelle Grenzen. Demnach betont es Beweglichkeit und Dynamik anstelle von Statik. Transkulturalität basiert insofern auf der Grundannahme, dass Kulturen einerseits nach innen vielfach differenziert sind und andererseits auch nach außen zahlreiche Verbindungen mit anderen Kulturen aufweisen.

Das Konzept der Transkulturalität aufnehmend gilt es nun, aus der Perspektive der Übersetzung zu zeigen, wie die Kreuzung, Überschneidung und Durchdringung von Kulturen sich an vielschichtigen Übersetzungsprozessen erkennen lassen und gleichsam durch solche Übersetzungsvorgänge hervorgebracht werden. Die Gedanken Benjamins aufgreifend, kann Transkulturalität daher als eine Form der Übersetzung betrachtet werden, die auf kein eindeutiges Original zurückzuführen ist, weil das Original selbst immer schon von Übersetzungen durchzogen ist.

## IV. Anknüpfungspunkte für die literaturwissenschaftliche Auseinandersetzung mit Exilliteratur

Welche Schlüsse lassen sich aus dieser Perspektive für die Auseinandersetzung mit Exilliteratur ziehen und welche Möglichkeiten bietet dabei die Übersetzungskategorie? Als deutsche Exilliteratur in einem engen historischen Sinn wird bis heute die Literatur von aus

22 Homi K. Bhabha: *Die Verortung der Kultur* [1994]. Tübingen: Stauffenberg 2007.

23 Wolfgang Welsch: Transkulturalität. Lebensformen nach der Auflösung der Kulturen. In: *Information Philosophie* 2 (1992), S. 5–20.

Deutschland geflohenen Autoren und Autorinnen zwischen 1933 und 1945 bezeichnet. Weitet man dieses Verständnis von Exilliteratur als Epochenbegriff aus und bezieht auch Gegenwartsliteratur von Schriftstellern und Schriftstellerinnen mit ein, für die Deutschland das Exil ist, bieten sich einige spannende Anknüpfungspunkte. Viele dieser Texte, die in der Regel der so genannten Migrationsliteratur zugeordnet werden, machen Übersetzung zum literarischen Verfahren. Als „Literaturen ohne festen Wohnsitz"[24], wieder eine Formulierung von Ette, sind diese Texte Entwürfe, die sich nicht nur in einer Nation, Kultur oder Sprache verorten lassen.

Beispielhaft möchte ich Emine Sevgi Özdamar nennen. Die Autorin, die in der Zeit nach dem zweiten Militärputsch in der Türkei[25] nach Deutschland migriert ist, schreibt auf Deutsch. Ihre türkischen Worte, so heißt es in ihren Texten, seien angesichts von politischer Verfolgung und militärischer Gewalt in der Türkei „krank"[26] geworden und sie habe ihre Mutterzunge verloren[27]. Dabei sind ihre Texte einer „Poetik der Übersetzung"[28] verschrieben und entwickeln auf mehreren Ebenen transkulturelle Prozesse der Übersetzung zwischen Sprachen, Kulturen, Nationen, politischen Systemen, Gesellschaftsschichten, Literaturen und Orten.

Die Exilforschung kann also einerseits mithilfe der Übersetzungskategorie für kulturwissenschaftliche Konzepte wie Transkulturalität und Transnationalität geöffnet werden und neuere Texte von Autoren und Autorinnen mit einbeziehen. Dabei gilt es jedoch herauszuarbeiten, inwiefern die Texte die spezifische Situation des Exils umsetzen, auch um sie möglicherweise vom allgemeineren Begriff der Migration abzugrenzen.

24 Ottmar Ette: *ZwischenWeltenSchreiben. Literaturen ohne festen Wohnsitz*. Berlin: Kadmos 2005.

25 Infolge des zweiten Militärputsches in der Geschichte der Türkei im März 1971 gab es Verhaftungswellen durch das Militärregime, die sich vor allem gegen politisch links orientierte Studenten und Intellektuelle richteten. In den ersten zwei Jahren nach dem Putsch waren in der Türkei mehrere tausend politische Häftlinge inhaftiert, von denen viele gefoltert und einige sogar zur Todesstrafe verurteilt wurden.

26 Emine Sevgi Özdamar: *Seltsame Sterne starren zur Erde. Wedding – Pankow 1976/77* [2003]. Köln: Kiepenheuer & Witsch 2004, S. 23.

27 Emine Sevgi Özdamar: *Mutterzunge* [1990]. Berlin: Rotbuch 2010, S. 9.

28 Anıl Kaputanoğlu: *Hinfahren und Zurückdenken. Zur Konstruktion kultureller Zwischenräume in der türkisch-deutschen Gegenwartsliteratur.* Würzburg: Königshausen & Neumann 2010, S. 301.

Andererseits können insofern auch klassische Texte der Exilliteratur anschlussfähig gemacht werden, die das Problem eindeutiger Verortungen thematisieren. Es lässt sich beispielsweise untersuchen, welche Motive und ästhetischen Verfahren der Übersetzung hier bereits vorausgedacht werden, die in der Gegenwart wieder aufgegriffen und reflektiert werden. So ließen sich etwa Konzepte von Muttersprache im Verhältnis zu zeitgenössischen Konzepten von Nation betrachten und miteinander vergleichen.

Meine These vom Anfang aufgreifend, komme ich zu folgendem Schluss: Walter Benjamins Übersetzer-Aufsatz, der weder zeitlich noch inhaltlich konkret mit seiner eigenen Exilerfahrung in Verbindung steht, entwickelt einen Begriff der Übersetzung, der sich bereits zu einer Schlüsselfigur für die aktuelle Auseinandersetzung mit der sogenannten Migrationsliteratur entwickelt und dessen spezifisches Potential für die Auseinandersetzung mit Exilliteratur es dringend zu erforschen gilt.

# Die Autorinnen

**Anne Benteler**, MA, hat den Masterstudiengang „Deutschsprachige Literaturen“ mit dem Schwerpunkt interkulturelle Literatur- und Medienwissenschaft in Hamburg und Bordeaux abgeschlossen und promoviert an der Universität Hamburg zum Thema „Mehrsprachigkeit und Übersetzung in der Exilliteratur“.

**Sophie Bornscheuer**, BA, studierte an der Universität Hamburg Deutsch und Französisch auf Lehramt und verbrachte unter anderem zwei Semester an der Universidade Nova in Lissabon. Nach Abschluss des Bachelors unterrichtete sie für ein Jahr Englisch und Deutsch an einer Grund- und Mittelschule in Denizli, Türkei. Derzeit studiert sie im Master Deutsch als Fremdsprache an der Universität Leipzig.

**Sonja Dickow**, MA, hat an der Universität Hamburg den Master „Deutschsprachige Literaturen“ mit dem selbstgewählten Schwerpunkt deutsch-jüdische Literatur und Exilliteratur abgeschlossen und arbeitet zurzeit als wissenschaftliche Mitarbeiterin am Institut für Germanistik und der Walter A. Berendsohn Forschungsstelle für deutsche Exilliteratur.

**Katharina Hänßler**, BA, hat an der Universität Hamburg das Bachelorstudium der Fächer Germanistik und Philosophie absolviert und studiert im Masterstudiengang „Philosophie Künste Medien“ an der Universität Hildesheim.

**Sandra Narloch**, MA, hat an der Universität Hamburg das Masterstudium „Deutschsprachige Literaturen“ abgeschlossen und arbeitet zurzeit als wissenschaftliche Mitarbeiterin am Institut für Germanistik und der Walter A. Berendsohn Forschungsstelle für deutsche Exilliteratur.

**Rachel Rau** studiert an der Universität Hamburg Germanistik und Philosophie (BA) und arbeitet als studentische Hilfskraft in der Exilbibliothek und der Walter A. Berendsohn Forschungsstelle für deutsche Exilliteratur.

**Eleonore Schmitt**, BA, hat an der Universität Hamburg das Bachelorstudium „Deutsche Sprache und Literatur“ mit Nebenfach „Sinologie“ abgeschlossen und studiert im Master „Germanistische Linguistik“.

**Caroline Schwarz,** BA, hat an der Universität Hamburg das BA-Studium in „Gebärdensprachen“ und „Deutsche Sprache und Literatur“ abgeschlossen und studiert im Master „Deutschsprachige Literaturen“.

**Carla Swiderski**, MA, hat an der Universität Hamburg den Master „Deutschsprachige Literaturen“ abgeschlossen und arbeitet zurzeit im Lektorat eines großen Publikumsverlags.